本书的研究与出版得到国家自然科学基金重点项目
的异质性约束及人民币区域化的实现机制与路径研究”
和国家社会科学基金一般项目“多层次国际金融中心有
与路径研究”（项目编号：23BJL063）的支持

U0620525

人民币
在中国西南周边国家跨境使用的研究

兼论跨境数字人民币的实验性探索

**Research on the Cross-border Use of RMB
in Neighboring Countries in Southwest China**

On the Experimental Exploration of
Cross-border Digital RMB

胡列曲　丁文丽　马涛　著

经济管理出版社
ECONOMY & MANAGEMENT PUBLISHING HOUSE

图书在版编目（CIP）数据

人民币在中国西南周边国家跨境使用的研究：兼论跨境数字人民币的实验性探索/胡列曲，丁文丽，马涛著 .—北京：经济管理出版社，2023.12

ISBN 978-7-5096-9587-6

Ⅰ.①人… Ⅱ.①胡… ②丁… ③马… Ⅲ.①人民币—货币流通—研究—东南亚 Ⅳ.①F833.3

中国国家版本馆 CIP 数据核字（2023）第 255884 号

组稿编辑：梁植睿
责任编辑：梁植睿
责任印制：黄章平
责任校对：王淑卿

出版发行：经济管理出版社
　　　　　（北京市海淀区北蜂窝 8 号中雅大厦 A 座 11 层　100038）
网　　　址：www. E-mp. com. cn
电　　　话：（010）51915602
印　　　刷：唐山玺诚印务有限公司
经　　　销：新华书店
开　　　本：720mm×1000mm/16
印　　　张：12. 25
字　　　数：169 千字
版　　　次：2023 年 12 月第 1 版　　2023 年 12 月第 1 次印刷
书　　　号：ISBN 978-7-5096-9587-6
定　　　价：88. 00 元

前　言

　　党的二十大报告明确提出"有序推进人民币国际化"，为新时期人民币国际化指明了方向。自 1988 年"人民币国际化"概念提出以来，历时 35 年，人民币国际化从民间自发跨境流动到国家正式制度推动，在跨境贸易人民币结算、双边货币互换、人民币跨境使用和离岸市场等方面发展迅速，并在国际货币支付排名、加入国际货币基金组织的特别提款权货币篮子方面取得新突破。

　　中国与西南周边国家货币金融合作具有良好的历史基础和现实合作成效。历史上的云南是中国货币最早流出国门的通道。20 世纪 90 年代的云南又是人民币自发跨境流动与周边化的先行省份，为人民币跨境使用与人民币区域化实践贡献了"河口模式"和"云南模式"等全国可复制经验，成为人民币周边跨境使用的典型省份。中国云南与老挝、缅甸、越南山水相邻，16 个民族跨境而居，语言相通、往来方便，三国均与中国签署了共建"一带一路"合作文件并建立了全面战略伙伴关系，其中，中老、中缅还签署了"命运共同体"协议。人民币在三国的跨境使用具有基础好、历史长、成效显著的典型性，且三国经济规模普遍较小、风险易控，极其适合作为中国深化人民币周边化、区域化及国际化的试点地区，可为中国与其他南亚、东南亚国家以及共建"一带一路"国家的货币合作提供重要借鉴。

本书的写作从国际贸易结算货币选择理论、货币替代理论及最优货币区理论出发，基于货币跨境使用的动因、宏观和微观影响因素以及正面和负面效应的理论阐述，还有人民币在周边国家跨境使用的研究动态，通过历史回溯与现实分析相结合，较为详尽地梳理和分析了人民币跨境使用的总体进展、人民币在周边国家跨境使用的历史进程以及人民币在老挝、缅甸及越南等中国西南周边国家跨境使用的总体状况和国别状况。人民币在中国西南周边国家跨境使用总体呈现边境多、内陆少的特点，人民币在周边国家沿边区域普受欢迎，但尚未深入周边国家内陆区域。而且人民币在中国西南周边国家的跨境使用以发挥跨境贸易和投资计价与结算货币功能为主，储备货币功能发挥有限。究其原因，这既得益于双边政策环境改善、经济金融发展水平提高以及金融合作深化为推进人民币在中国西南周边国家跨境使用创造了有利条件，也反映出受到双边经济金融体量有限、跨境人民币业务服务体系不健全以及双边沟通协商机制非常态化等不利因素的影响，而周边国家的典型美元化亦是推进人民币周边使用的长期挑战。

本书还对跨境数字人民币进行了探索性研究，数字现金和加密货币等数字货币的早期形态技术发展与应用优劣并存，给国际金融领域带来了反思与挑战，引起越来越多国家中央银行的关注，世界多家央行已开展央行数字货币研发试验。截至 2022 年 7 月，全球有 97 家央行数字货币处于研究或开发阶段，与世界主要经济体央行数字货币相比，数字人民币的研发及推广应用走在了世界前列，其应用场景不断扩展。虽然数字人民币具备跨境使用的技术条件，但要真正走向跨境使用仍需先行进行局部区域的试验探索。老挝、缅甸及越南等中国西南周边国家具备探索推广数字人民币的必要性和可行性。

该区域跨境人民币使用主要具有由贸易、投资、人员往来带动的真实使用需求推动特征，较好地满足了跨境数字人民币使用场景的需要，该区域数字化技术的较快普及则为跨境数字人民币推广提供了可行的技术条件。

货币国际使用的理论、国际经验以及人民币周边跨境使用经验本身均揭示出，在中国周边国家进一步推进人民币使用的可行路径，依然是基于货币的内在职能，增强周边国家对人民币的真实使用需求，形成人民币作为区域贸易货币、投资货币、储备货币的多层面全方位渐进持续深化路径。在当前"一超多元"的国际货币格局中，在国际市场对美元、欧元等传统储备货币业已形成的使用惯性和路径依赖条件下，人民币想要获得境外广泛使用的网络效应，最终实现与中国经济和贸易投资地位相匹配的货币地位，这一多层面、全方位深化路径将是一个曲折向前的历史进程。

作　者

2023 年 10 月

目　录

第一章
理论基础与研究动态

第一节　货币国际使用理论概述

"货币国际使用"指一国货币跨越国境、在国际层面行使货币计价单位、交易媒介和价值储藏三项职能。从 17 世纪荷兰盾的国际使用，到 18 世纪和 19 世纪英镑的国际化，再到"二战"后美元的国际化，以及 20 世纪末欧元区的建立，货币国际化经历了 300 多年的历史变迁，积累了丰富的实践经验，有效推动了贸易便利化和全球经济发展。早期货币国际使用的动机是便利国际贸易结算。国际贸易结算货币选择理论不仅能够解释国际贸易结算货币选择的一般规律，还能说明国际贸易货币选择的影响因素。随着货币国际使用的发展，出现了"货币替代"现象，货币服务的生产函数理论、货币替代的边际效用理论、货币需求的资产组合理论和货币的预防需求理论阐释了货币替代的理论形成机制，最优货币区理论则提出了建立货币区的条件、成本及收益。

一、国际贸易结算货币选择理论

一国货币走出国门的起源在于国际贸易，充当国际贸易结算货币成为国际货币的基本前提。进出口企业选择何种货币进行贸易结算不仅受到宏观层面的经济政策、汇率波动、通货膨胀、金融市场状况等因素的影响，还受到微观层面的产品特性、产品竞争力、产品市场份额等因素的影响。因此，厘清进出口企业核心需求及行为原因，对人民币融入周边国家贸易结算具有重要指导作用。

（一）国际贸易结算货币选择假说

1. Swoboda 假说

Swoboda（1968）从货币交易成本角度对跨境贸易结算货币选择进行了分析，发现美元是大多数国际贸易中的媒介货币。原因主要在于在国际贸易过程中，货币兑换具有较高的交易成本，为了降低高额成本，进口商往往会选择在外汇市场流动性高的美元作为结算货币。通常而言，外汇市场高流动性货币对应着低交易成本，低交易成本货币更容易被作为国际贸易结算中介。

2. Grassman 法则

Grassman（1973）将 1968 年瑞典的对外贸易统计信息作为数据来源，详细整理了其中近 1 万家公司进出口项目的付款方式、金额、币种等信息，发现瑞典进出口贸易中有 66.1% 的出口以瑞典克朗结算，25.8% 的进口以瑞典克朗结算，以第三方货币结算的仅占极少部分。对此，为进一步验证该现象，又引入丹麦和联邦德国对外贸易进出口数据进行论证，仍发现了相似规律。由此，国际贸易结算货币选择得出 Grassman 法则的一般规律，即在国际贸易过程中，尤其是在工业制成品贸易中，交易双方更倾向于选择出口方货币作为结算货币。

3. McKinnon 假说

McKinnon（1979）根据价格支配力不同将产品分为两类：Ⅰ类可贸易品为拥有较强价格支配力的专业制成品，如机械产品、技术产品、知识密集型产品等异质品；Ⅱ类可贸易品为不具价格支配力的初级产品，包括原油、矿产品、农产品等同质品。其中，Ⅰ类产品由于其具有较高竞争力使出口商拥有更强谈判能力，进而偏向于以出口方货币结算；Ⅱ类产品受产品差异化程度低限制，通常会选择能够降低交易成本的主要国际货币进行交易结算。

（二）国际贸易结算货币选择影响因素

Magee 和 Rao（1980）根据通货膨胀率对结算货币划分强弱，当低膨胀工业国和高膨胀发展中国家进行国际贸易时，低膨胀工业国的货币占据主导位置。Giovannini（1988）认为汇率的不确定性对出口商贸易结算货币选择有决定性导向作用，若出口商在国际市场上拥有垄断势力，则出口商会倾向于用本币结算以规避汇率风险。Samiee 和 Anckar（1998）基于讨价还价模型构建了一个谈判理论框架，提出具有实力优势、拥有较大资产规模、出口销售额和交易价值的出口商更倾向于以本国货币作为结算货币。Greenspan（2001）认为经济强大、金融市场发达、贸易参与度与开放度极高的经济体会影响国际贸易结算货币选择，因为该国货币具有强大的流动性和可预测性，进而能够吸引他国厂商选择进行贸易结算。Bacchetta 和 Van Wincoop（2005）基于预期利润最大化模型，以美国、德国、日本、英国、法国、意大利、荷兰七个工业国家作为研究对象，实证发现市场份额是影响国际贸易结算货币选择的重要因素，即本币结算比例与市场份额呈正相关，出口商在出口国的市场占有率越高，就越倾向于选择对自身更有利的货币作为开展国际贸易的计价结算货币。Goldberg 和 Tille（2008）选取 24 个国家的对外贸易结算货币数据，发现出口商选择非本国货币的原因在于"羊群效应"，即出口商为了避免产品价格相对波动，会选择与竞争对手相同的货币进行贸易结算，其中在高需求弹性行业表现尤为明显。

二、货币替代理论

早在 16 世纪金银复本位制时期就已出现"劣币驱逐良币"的货币替代

现象。随着经济全球化和国际贸易盛行，货币替代现象表现为一国出于交易成本、边际效益、风险管控等方面考虑，引入他国货币共同行使货币职能，以此形成本币与外币间竞相角逐的现象。

（一）货币替代的含义

Chetty（1969）是首位提出"货币替代"概念的学者，指出美国国内货币和准货币之间存在可替代性的原因在于货币具备高流动性。Chen（1973）在此基础上将范围拓展到国际市场，描述了不同国家间也存在货币替代现象。基于货币职能角度，Handa（1988）指出货币替代表现为外币充当本币价值储藏功能。Fasano-Filho（1986）将货币替代定义为外币能够代替本币行使计价单位、交易媒介、价值储藏三大国际货币职能。

（二）货币替代理论形成机制

1. 货币服务的生产函数理论

Miles（1978）构造了本币实际余额和外币实际余额组合下产生的货币服务函数，根据国内外货币在生产货币服务方面的相对效率和持有不同货币的相对机会成本差异，调节本币、外币持有比例，以此获得货币服务的最大化收益。

该理论的核心思想在于本币、外币服务效率会对货币替代程度产生影响，当外币提供的货币服务效率提高时，该国居民会选择增持外币，减持本币；当外币提供的货币服务效率降低时，该国居民则会选择减持外币，增持本币。

$$\log\left(\frac{M_d}{eM_f}\right) = \frac{1}{1+\sigma}\log\left(\frac{\alpha_d}{\alpha_f}\right) + \frac{1}{1+\sigma}\log\left(\frac{1+i_f}{1+i_d}\right) + \varepsilon \qquad (1-1)$$

$$M_s = P_d\left[\alpha_d\left(\frac{M_d}{P_d}\right)^{-\sigma} + \alpha_f\left(\frac{M_f}{P_f}\right)^{-\sigma}\right]^{-\frac{1}{\sigma}} \qquad (1-2)$$

式中，M_s 为货币服务水平；P_d 和 P_f 分别为本币、外币的价格指数；M_d 和 M_f 分别为本币、外币名义持有量；e 为直接标价法的名义汇率；α_d 和 α_f

分别为本币和外币提供货币服务的相对效率；i_d 和 i_f 分别为持有本币和外币的机会成本，即本币利率和外币利率；σ 为参数；ε 为误差项。当 α_d/α_f 等于 1 时，货币服务取得最大收益，外币则是本币的完美替代货币；而当 α_d/α_f 趋向于 1 时，则意味着本币和外币间存在较高的替代弹性，反之则反。

2. 货币替代的边际效用理论

Bordo 和 Choudhri（1982）在 Miles（1978）的货币替代生产函数理论基础上进行了改进，提出了以货币发挥交易媒介功能为出发点的货币替代边际效用理论。他们认为各国居民持有货币是为了追求货币服务便利性的效用最大化，即当本币和外币都能为居民提供交易支付功能时，本币、外币则具有了相互替代的潜质，使居民以货币便利性为基础，调整本币和外币的持有比例。

$$\log\left(\frac{M_d}{P_d}\right) = \beta_0 + \beta_1 \log y + \beta_2 i_d + \beta_3 i_f \tag{1-3}$$

$$\log\left(\frac{eM_f}{P_d}\right) = \eta_0 + \eta_1 \log y + \eta_2 i_d + \eta_3 i_f \tag{1-4}$$

式中，M_d 和 M_f 分别为本币、外币名义持有量；P_d 为本币的价格指数；e 为直接标价法的名义汇率；y 为国民收入；i_d 和 i_f 分别为持有本币、外币的机会成本；β_0、β_1、β_2、β_3 和 η_0、η_1、η_2、η_3 分别为本币和外币参数。

为进一步对比 Miles 货币替代生产函数，将式（1-3）与式（1-4）相减，得到式（1-5）：

$$\log\left(\frac{M_d}{eM_f}\right) = \delta_0 + \delta_1 \log y + \delta_2 i_d + \delta_3 (i_f - i_d) \tag{1-5}$$

式中，$\delta_0 = \beta_0 - \eta_0$，$\delta_1 = \beta_1 - \eta_1$，$\delta_2 = \beta_2 + \beta_3 - \eta_2 - \eta_3$，$\delta_3 = \beta_3 - \eta_3$。

可见，国民收入水平、本币和外币利差以及本国利率水平会影响一国货币替代程度。当国民收入水平越高时，人们对本币需求越大；当本国利率水平越高时，国外的利率水平越低，持有本币的机会成本增加，人们则更倾向于持有外币，更容易产生货币替代。

3. 货币需求的资产组合理论

1978 年以 King 为代表的学者在 Miles 提出的货币替代理论基础上加入了资产组合因素，指出货币也是一种资产，同样具有风险和收益，因此通过调整本币、外币的持有比例，产生了货币替代现象。为了验证该理论，Thomas（1985）从定量的角度建立了货币需求资产组合函数，包括持有本币、外币的真实收益情况和持有本币、外币债券的真实收益情况，进而通过将所有资产加总之后，调节不同资产比例，来实现资产组合的财富最大化。

$$dV = \theta_1 V[(R_d - i_d) dt - S_d dZ_d] + \theta_2 V[(R_f - i_f) dt - S_f dZ_f] + \theta_3 V(R_d dt - S_d dZ_d) +$$

$$\theta_4 V(R_f dt - S_f dZ_f) + (Y - C - T) dt \tag{1-6}$$

式中，V 为投资者的财富总额；Y 为劳动收入所得；C 为消费水平；T 为消费的交易成本；R_d 和 R_f 分别为本币、外币债券预期收益率；i_d 和 i_f 分别为本币、外币债券名义收益率；S_d 和 S_f 分别为本币、外币价格标准差；dZ_d、dZ_f 分别为本币、外币维纳过程[①]；θ_1、θ_2、θ_3、θ_4 分别表示投资组合中持有本币现金、持有外币现金、持有本币债券和持有外币债券占总资产的比例，$\theta_1 + \theta_2 + \theta_3 + \theta_4 = 1$。因此，根据通货膨胀率的大小，投资者将配置本币、外币债券和现金之间的投资比例，当本币预期通货膨胀率上升时，相对外币发生贬值时，投资者则会选择持有外币，进而产生货币替代。

4. 货币的预防需求理论

Poloz（1986）基于货币流动性成本和不确定性成本提出了货币预防需求理论。他假定人们会同时面临本币、外币的随机货币需求，且本币、外币之间转换存在交易费用，人们出于风险防范而持有一定数量的本币和外币，因此，需要通过不断调整资产组合，使组合的资产收益与转换成本之差达到最大。

---

① 维纳过程又称布朗运动，是指一种连续时间的随机过程。

基于该理论假定，Poloz 提出了一个只存在本币债券、本币和外币的经济模型，并构建了基于个人对本币、外币的需求函数。研究发现，债券收益率变动和本币预期贬值率会影响本币、外币的持有数量。当本币债券收益率上升时，人们会增加本币债券持有量，而降低对本币和外币的持有量；当本币贬值率提高时，人们会降低本币债券和本币余额持有量，提高外币余额持有量，以此产生货币替代。

$$B = W - M - M_f \qquad\qquad\qquad (1-7)$$

$$M = M(r, \ s, \ b, \ c, \ z, \ z_f, \ \gamma, \ \beta) \qquad\qquad (1-8)$$

$$M_f = M_f(r, \ s, \ b, \ c, \ z, \ z_f, \ \gamma, \ \beta) \qquad\qquad (1-9)$$

$$\pi = rB + sM_f - TLC^e(M, \ M_f, \ B) \qquad\qquad (1-10)$$

式中，B 为本币债券持有量；M 为本币持有量；M_f 为外币持有量；W 为总额保持不变的资产约束；π 为预期收益；$TLC^e(M, \ M_f, \ B)$ 为资产的流动性成本；r 为 B 的收益率；s 为 M 相对的 M_f 预期贬值率；b 为债券变现成本；c 为本币、外币的兑换成本；z 和 z_f 分别为本币和外币的需求分布密度；γ 和 β 分别为本币和外币的参数。

三、最优货币区理论

最优货币区理论在 20 世纪 60 年代由"欧元之父"罗伯特·蒙代尔（Robert Mundell）提出，他认为最优货币区需要满足两个条件：一是货币区是由不同国家和地区组成的一个地理区域，在该区域内使用单一共同货币，或使用几种能完全自由流动的货币，且几种货币在区域内实行固定汇率，在区域外实行浮动汇率；二是货币区在没有货币政策和汇率制度干预下，区域内成员国的通胀率和失业率相互平衡，区域内和区域外的国际收支相互平衡。

（一）传统最优货币区理论

传统最优货币区理论主要聚焦在形成最优货币区需要具备哪些条件，即哪些条件可以使固定汇率制度成为合理的汇率制度选择。

Mundell（1961）基于生产要素流动性对最优货币区进行判定，认为最优货币区应建立在资本和劳动力等生产要素能够自由流动的区域，因为外部不均衡造成了需求转移，而需求转移进一步导致国际收支失衡，此时若通过生产要素自由流动进行调节，如在区域内劳动力由高劳动力要素国家向低劳动力要素国家流动，则能有效实现内部经济均衡。McKinnon（1963）基于经济开放度提出，彼此经济开放度高的国家是建立最优货币区的标准，指出经济开放度越高的国家通过汇率调整带来的经济效用越小，经济开放度高的国家实行固定汇率，经济开放度低的国家实行浮动汇率。Kenen 等（1969）以产品多样化程度作为建立货币区的条件，认为产品多样化能够有效抵御国际外部冲击，因而是建立最优货币区的重要因素。Ingram（1969）认为金融一体化程度高的区域更适宜建立货币区，高度金融一体化的区域具备自动调节国际收支，进而避免汇率风险带来不良冲击的能力。Haberler（1970）和 Fleming（1971）从通货膨胀率相似性角度提出建立货币区的标准，发现不同通货膨胀率的国家采取的货币政策存在差异，通货膨胀率相似性越高的国家更容易形成货币区。

（二）现代最优货币区理论

20 世纪 90 年代，现代最优货币区理论主要集中在对加入最优货币区的成本和收益的定量分析，为一国是否加入最优货币区提供重要依据。

1. 基于对称性冲击理论的最优货币区

Mundell（1972）开创性地从对称性和非对称性冲击角度评判了最优货币区建立的条件，指出当一定区域内受到经济冲击后，通过采取统一的政策促使各国恢复均衡，且各国不存在政策效果差异性，则称为对称性冲击；反之，则称为不对称性冲击。如果外部冲击对货币区内各国或地区的冲击具有对称性，则区域内央行可以采用货币政策予以抵消，成员国对货币自主权的需求也相应减少，使之加入货币联盟的净收益提高，该区域更适合建立最优货币区。对此，De Grauwe 和 Vanhaverbeke（1991）反向验证了不同货币区对经济冲击的反响差异，显示由于欧盟主要国家间的国内生产总值和真实汇率变动高度趋同，所以该区域发生非对称性冲击的可能性明显低于其他非欧盟国家。Blanchard 和 Quah（1993）通过构建向量自回归模型，验证了对称性冲击对建立最优货币区的差异影响。Bayoumi 和 Eichengreen（1992，1993）运用 VAR 模型量化各经济体对经济冲击的响应速度，以此判断建立最优货币区的可行性。

2. 基于内生性理论的最优货币区

传统最优货币区衡量标准忽视了衡量标准与货币区之间存在相关关系的内生性问题，部分成员国在加入货币区之前并未达到货币区标准，但成为货币区成员国之后也能逐步达到标准。Frankel 和 Rose（1998）基于这一内生性视角，提出了货币联盟存在自我强化性可能假说，即国家间的经济相关性与贸易一体化呈正相关关系。以欧盟国家为例，研究发现经济体加入欧盟的决定要素在于经济体与欧盟的贸易关联度和经济周期相似性。为进一步验证假说，Rose 和 Frankel（2000）选取了 20 个工业化国家近 30 年的双边贸易和经济周期数据进行实证分析，发现国家间的贸易关联度与经济增长具有正向关系，经济体加入货币联盟会加快贸易一体化进程，推动经济周期同步发展，进而使货币区内各成员发生非对称冲击的可能性降低，以此形成最优货币区。

3. 基于网络外部性和转换成本理论的最优货币区

Dowd 和 Greenaway（1993）从网络外部性和转换成本角度对特定货币抉择问题进行了分析。研究认为特定货币选择需要考虑两点：一是货币的网络效应，即区域内货币使用者的数量为多少，数量大小代表了货币稳定性高低，其决定了货币的价值；二是货币的转换成本，由于大量货币使用者构成的货币网络会对该种货币形成依赖，使其选择其他货币的转换成本明显高于收益，导致货币惯性，进而促使单一货币区形成。

第二节　货币跨境使用的动因、影响因素及效应

一、货币跨境使用的动因

（一）历史原因

历史上，一国通过一定规模的政府援助或境外贷款等方式支援他国经济发展，从而将本国货币的部分或全部职能由原使用区域扩大到周边国家或地区乃至全球范围，这种方式使该国货币在境外获得较好的口碑和接受度，从而该国货币可以跨境行使部分货币职能，甚至代替当地货币行使完整货币职能。① 此外，对于接壤的两国，若一国比接壤国更为发达，那么在边境贸易、探亲往来等跨境交流中也有主要使用较发达国家货币的历史习惯。货币跨境使用的历史惯性一旦形成，该货币外部交易的规模效应就会逐渐形成，即使将来该国经济实力与其货币地位不相匹配，该货币也能在较长时间内发挥国际货币职能。

（二）跨境贸易和对外投资的需要

根据货币搜寻理论，货币作为支付媒介，应发挥降低交易成本、提高交

---

① 这种方式对推动美元、欧元、日元等主要货币的国际化发挥了重要作用，如"二战"期间美国成为世界最大的债权国，为"美元霸权"的建立创造了必要条件；日本则通过以日元给发展中国家放贷推动日元的国际化进程。

易效率的作用。在跨境贸易和对外投资活动中也同样存在国际货币的搜寻和匹配过程。若跨境贸易以他国货币结算，会给参加跨境贸易的厂商带来极大的汇率风险。对投资者而言，若出国投资必须使用第三国货币，那么"走出去"企业的投资收益与第三国的经济形势密切挂钩，而当第三国货币政策发生变化时，这些企业的资本运作和经营都会直接受到影响。因此，为规避风险、实现投资的保值增值，在市场需求驱动下，自然会产生货币的跨境使用。货币跨境使用还体现在货币的计价功能上，根据计价货币选择理论，出口商为降低交易成本、实现最大化预期利润，会根据出口产品差异程度、出口国经济规模、出口国货币供给情况等选择最优计价货币，且生产者在计价货币选择上表现出明显的"羊群"特征，为了不偏离行业竞争者价格，每个厂商都愿意选择同一种计价货币，从而出现主导性计价货币，由此造成货币的跨境使用。

（三）国家经济实力的增强

国家经济实力的增强是货币跨境使用的物质保障。一般来说，处于货币跨境使用进程中的货币，与同时期其他国家的货币具有不可比拟的经济优势。根据货币替代理论的内涵，当一国市场上有多种可兑换货币共同流通时，若该国经济衰退或发生恶性通货膨胀，就会严重削弱该国居民对本国法定货币的信心，本国居民将减持不断贬值的本币，而增持经济稳定快速发展、价值相对较高的外币，这就使外币逐渐替代本币发挥货币职能，从而出现外国货币在本国境内流通的情形。货币发行国经济实力的增强，将使该国货币汇率升值，使以该国货币计价的资产保值增值，在投资者分享该国经济发展成果的同时，增强非居民使用和持有发行国货币的信心，久而久之这便成为受欢迎的国际流通手段和资产形式，进而更大规模地带动货币的"走出去"。

（四）国家政策的推动

无论是跨境贸易、对外投资还是国家经济实力增强所带动的货币跨境使用，强调的均是市场的自发作用。政府政策对货币跨境使用的推动同样具有重要作用，若该国政府允许跨境货币作为国际支付货币在本国存在，则该国政府就会支持使用该跨境货币作为国际货币进行支付和结算，在该国银行体系和外汇市场中也能够交易使用该跨境货币，而且允许本国居民使用该跨境货币，在本国银行体系中也可开立该货币的账户。若是禁止本国居民在日常交易中使用跨境货币，便会催生一些非法交易跨境货币的行为，因为跨境货币的使用在该国并未合法，属于民间自发使用的货币。同样地，货币发行国取消贸易项目和与贸易项目有关的非贸易经营支付的汇总限制，非居民直接投资流入和流出基本自由，居民企业可到境外发债和上市，扩大外资银行经营本币业务的地域范围，允许符合法定条件的外资银行在已开放本币业务的地域向本国企业提供本币服务，向外国提供本币基建贷款，推动双边本币互换等政策措施，能够极大推动本币跨境使用。

（五）人员跨境流动带动及其他货币跨境使用方式

出境旅游、探亲访友、留学、劳务输出、境外投资置业、海外创业等均会带动货币跨境使用。如在出境旅游中，游客通过出境游将本国货币带到国外，或将他国货币带回并沉淀在手，使居民持有外国货币，从而实现了货币的跨境流动。①

二、货币跨境使用的影响因素

货币跨境使用是指一国货币跨越国境在其他国家或地区发挥货币职能。

---

① 根据刘力臻和徐奇渊（2006）对人民币国际化直接动因的研究，1996～2002 年，"港澳地区游"和边境游是带动人民币在中国港澳地区和周边国家流通的主要方式。

跨境货币职能的发挥不仅受到经济因素的影响，还受到政治、文化、地缘等诸多因素的影响。主要影响因素如下：

（一）宏观因素

1. 经济规模

无论是主要国际货币的发展历程，还是现有的理论和实证研究，抑或是现有国际货币的使用分布都证实，货币发行国的经济规模与货币跨境使用水平呈显著正相关关系。[①] 货币跨境使用背后是各国经济实力的较量，强大的经济体可为本国货币提供坚实的经济基础和较大的资本市场容量，其发行货币跨境使用的可能性会远远高于经济小国。因此，经济实力是货币跨境使用的坚实物质基础。

2. 金融市场发展程度

成熟、完善的金融市场为货币跨境使用提供了良好的发展平台和环境。金融市场发展程度主要体现在金融市场的广度（规模）、深度（效率）和开放度（自由度）三个方面（孙海霞，2013）。一个具有广度和深度的金融市场，将大大降低交易成本和不确定性，吸引国际投资者更合理地管理国际货币资产，并促使更多的贸易结算和投融资以该国货币进行，促进该种货币的跨境使用。金融市场开放度对货币跨境使用的影响主要体现在于一个没有资本管制和汇率管制的开放金融市场为国际货币持有者提供了更为确定性的信息，减少了信息不对称问题，从而能降低货币交易和持有成本，并增强本币作为各国国际外汇储备的吸引力。

3. 汇率稳定性及变动趋势（升值或贬值）

关于汇率与货币国际化关系的研究，主要是在货币国际化理论框架下进

[①] 货币发行国的经济体量越大，其货币跨境使用水平越高（元惠平，2011；He et al.，2016；雷达和马骏，2019）。

行的。一种货币价值稳定是其国际使用的重要条件。Donnenfeld 和 Haug（2003）指出，随着汇率风险的增加，一国货币作为进口方货币计价的机会就会增加，而作为出口方货币计价和交易货币计价的机会就会相应减少。Chinn 和 Frankel（2005）发现，一种货币汇率波动幅度的增加会显著不利于其在各国央行国际货币储备中的份额。Donnenfeld 和 Haug（2008）认为相对于出口方货币计价方式，一国货币作为进口方货币计价的可能性明显地受到汇率风险和贸易伙伴的距离的影响，而且与汇率传递的弹性有显著的负向关系，作为交易货币计价的可能性会受到汇率风险的负向影响以及汇率传递弹性的正向影响。石建勋和易萍（2011）基于货币服务的生产函数理论，指出本币的贬值率通过影响利率、商品价格而引发货币替代。Ito 和 McCauley（2019）考察了人民币汇率与人民币国际化水平之间的联系，发现人民币与韩国韩元、印度卢比、南非兰特等 24 种货币汇率同向波动，形成了一个涵盖大部分亚洲国家的"人民币集团"。

4. 政策因素

货币跨境使用以货币发行国和使用国政府相关政策为前提条件。比如，发行国政府取消对国内外机构或个人以该国货币在金融市场上购买或卖出资产的限制，国内企业可以用本币作为全部或部分出口的计价结算，外国企业、金融机构、官方机构和个人可以按其认为审慎的数量自由地持有该国货币及该国货币标价的金融资产，货币发行国的金融机构和非金融企业可以在外国市场发行以该国货币计价的金融工具等。进出口双方选择计价货币时会更多地倾向于选择具有稳定货币政策国家的货币，而不愿选择具有不稳定货币政策国家的货币作为计价货币（Corsetti and Pesenti，2005）。因此，政府政策支持为货币跨境使用提供了有利条件支撑。

5. 国内政局和国际政治关系的稳定发展

货币跨境使用，不仅需要货币发行国具有强大的经济实力，还需要强大的政治后盾作为支撑。Volz（2014）指出，稳定的国内政治结构可以建立低通货膨胀的信誉，增强该国货币国际持有和使用的吸引力。两国间的货币交易会随着两国间友好政治关系的加深而增多；反之，若两国关系不稳定或是发生冲突甚至战争，则会阻碍货币跨境使用的推进（赵柯，2011）。

（二）微观因素

货币跨境使用主要发挥其作为国际货币的基本职能，即计价货币职能和结算货币职能。国际贸易中主要以三种货币计价：以出口方货币计价、以进口方货币计价和以交易货币计价。一国货币要发挥计价货币的职能，从微观层面上，主要取决于本币交易成本、商品特性和市场结构、市场份额、定价方式等诸多因素。

1. 交易成本

交易成本越低的货币，越可能成为计价货币（Swoboda，1968；McKinnon，1979；Krugman，1980；Rey，2001）。Goldberg 和 Tille（2008）认为，规模越大的交易越倾向于选择进口企业东道国的货币来计价，因为这样有利于节约交易成本，实现更多的利润。

2. 商品特性和市场结构

Bacchetta 和 Van Wincoop（2005）指出，出口成本的需求弹性和出口商品需求的价格弹性是影响出口商定价策略最显著的两个因素。若本国外贸产品结构差异性较大，出口商将采用出口方货币计价；反之，若外贸产品差异性小，则出口商更倾向于选择相对稳定的定价策略，即采用交易货币计价方式。Goldberg 和 Tille（2008）认为在垄断竞争市场结构下，出口企业倾向于选择交易货币计价来对商品进行计价。特别是在发展中国家，激烈的竞争导致出口企业产品差异化较小，因此，选择交易货币作为计价货币成为它们最优的选择。

3. 市场份额

出口方在进口市场上的份额是影响计价货币选择的主要因素（Bacchetta and Van Wincoop，2005），市场份额越大越可能以出口方货币计价（Fukuda and Ono，2006）；相反地，如果出口国在外国市场份额较小，出口商会采用外国竞争者的货币来计价。

4. 定价方式

货币国际化的微观决定因素是企业的定价行为，主要指进出口企业对结算货币的选择（姚大庆，2022）。出口商放弃出口国货币定价福利而选择第三国货币定价，主要基于出口商会基于其竞争对手的价格来制定自己的价格，当其他出口商均使用某种货币定价时，该出口商也采用该种货币定价（Fukuda and Ono，2006）。Campa 和 Goldberg（2005）指出，美国的进口商品属于"本地货币定价"，而出口商品属于"生产者定价"，这种不对称的国际贸易定价方式形成了"美元霸权"的微观基础。

三、货币跨境使用的效应

（一）货币跨境使用的正面效应

货币跨境使用既增加了边境贸易的便利性，进而提高了国内企业投资的积极性，又有效地促进了境内外居民消费的动力，从而拉动经济增长。

1. 促进边境贸易发展

本币跨境使用后，提高了本国贸易的便利化程度。进出口产品以本国货币计价和结算有利于降低企业交易成本，促进企业产品升级，激励企业生产更多的出口导向型产品，从而增加贸易顺差，有力地促进经济增长。采用本币计价与结算有利于规避跨境贸易中的汇率风险，这是因为既可以使进出口商免去不必要的成本支出，又便于出口商对国外进口商提供本币出口信贷，从而进一步提升出口竞争力。而且，随着一国经济实力不断提升和贸易顺差的扩大，其货币币值趋向升值，此种情况下的国外出口商也乐于接受跨境货币计价与结算，从而能够提升跨境货币在国际贸易中的影响力，增大该国贸易规模和经济总量。

2. 促进对外投资规模的扩大

货币跨境使用在促进边境地区贸易与投资发展的同时，由于交易成本及汇率风险的降低，也有力地鼓励了国内具有比较优势的企业"走出去"进行海外直接投资，从而有利于提高本国对外直接投资规模。对外投资的发展既能打破他国的贸易控制或干涉，又能巩固和扩展本国的海外市场，保障和扩大本国诸多资源的海外渠道。该国海外投资的扩大，又会带动该国货币更大规模的跨境使用，从而促进海外投资与海外贸易的进一步发展，增强其在国际贸易中的主动权、控制权和话语权，提升其国际贸易与投资地位及实力。国外居民持有的该国跨境货币资金若能通过一定渠道购买跨境货币国发行的股票、债券及其他投资品，则不仅会增加国外居民财富配置多样性，而且能有效地促进跨境货币国离岸金融市场的发展，从而提高该国跨境货币回流量，最终有利于该国经济增长。

3. 提升国内外居民消费便利化

货币跨境使用使发行国货币在周边国家和地区成为计价与结算货币，其至在一些国家替代母国货币成为主要交易货币，这就便利了境内外居民旅游和消费中的货币使用。境外居民可以在原居住国将本币兑换成跨境货币，并直接携带入境该国旅游、探亲或消费，国内居民亦可以直接携带本国货币到境外旅游、探亲或消费。货币跨境使用带来的这种内外连通，增加了境内外居民消费的便利性，进而增强了国内外居民消费欲望和需求，在一定程度上能够刺激国内总需求，拉动经济增长。

4. 有利于推动发行国货币国际化进程

货币跨境使用能够为该国货币国际化提供动力和良好基础。货币在周边国家跨境使用，有利于加强该国与周边国家的经济金融合作，进而推动形成以跨境货币为主导货币的经济圈。

5. 获得货币铸币税收入

在货币成规模跨境使用的过程中，随着境外非居民对发行国货币需求的增加，会推动本国央行增加货币供给。本国央行在向境外提供货币流动性的同时能够获得铸币税收入，即发行国货币的发行收益。

6. 提升国际政治影响力

货币跨境使用会提升货币发行国对他国的影响力。一国货币在国际上广泛使用，有利于提升该国在国际事务上的声誉，从而获得更多软实力。

(二) 货币跨境使用的负面效应

货币跨境使用可能会对本国货币政策有效性、汇率政策弹性等产生不利影响，也可能会为某些非法活动提供资金跨境流动便利。

1. 减弱货币政策的有效性

货币跨境使用规模的显著增大，必然增加境外货币投资回流需求，国际资本就会选择多种渠道进出发行国资本市场。若采取扩张性货币政策，实行低利率，既增加了国内货币供应量，又将部分投机资本挤出到国际市场，引起本币贬值，引发国际市场资产泡沫和通货膨胀；若采取紧缩性货币政策，国内加息政策会扩大国内外利差，诱使国际套利资本争相涌入国内市场，增大本币升值压力，而且低境外利率使境内利率有下降压力，从而影响国内货币政策的有效性。

2. 降低汇率调控弹性

货币跨境使用必然增强国内货币当局稳定币值的预期，即必须竭力维持该国货币币值的稳定，承担稳定币值的责任。一是货币贬值将损害发行国货币在周边国家使用中所形成的良好声誉，使国外居民不愿再持有该发行国货币而选择其他货币，迫使其退出在他国的流通和使用。二是货币贬值亦导致持有该货币计价的资产缩水，出于逐利性考虑，投资者将会选择抛售发行国货币资产，增持其他币值较为稳定的资产，这不利于货币发行国投融资市场的发展。三是若国内经济出现波动而调整汇率政策，则有可能会损害他国利益。

3. 增大汇兑结算的风险

在跨境货币流通的周边国家中，尚未形成一个成本较低、规模较大的境外发行国货币兑换市场，导致境外企业在选择该货币结算时有可能面临两种困难：一是缺乏货币来源而无法用该货币进行国际支付，主要指仅从发行国进口而不对发行国出口的国外企业；二是拥有跨境货币却无法花掉货币，主要指仅向发行国出口而不从发行国进口的国外企业，这样就存在货币跨境使用中的汇兑结算风险，由于货币在"时间和空间"的误置，加上汇率变动，有可能增大贸易结算的不确定性，增加汇兑成本，从而降低进出口企业选择发行国货币结算的意愿和动力，一定程度上降低了贸易活动效率。

4. 增强套利资本的跨境流动

随着货币跨境使用规模的增大，境外存量货币不断增多，受境外利率较低、经济前景黯淡等多重因素影响，境外投机者便将持有的大量资金兑换成发行国货币，通过一定的直接投资或证券投资渠道投资于货币发行国资本市场获取套利。相反，当发行国经济出现波动或"过热"时，投机者形成对发行国经济下行、货币贬值的预期，为确保投资收益和资金安全，投机者转向撤走所有投资，从而引起"羊群效应"，导致金融市场波动增大。

5. 可能为非法活动提供资金跨境流动便利

货币跨境使用可能降低非法活动汇兑成本，规避汇率风险，简化交易手续，加快资金流通速度，从而提高资金流动便利，助长跨境非法活动开展。

第三节 人民币在周边国家跨境使用研究动态

人民币跨境使用既是人民币在境外履行国际货币职能的演进过程，也是人民币境外使用空间的拓展过程。就后者而言，人民币"周边化—区域化—国际化"的渐进推进路径得到普遍认可。而东南亚地区则是这一渐进推进路径的首选区域。其中，又以老挝、缅甸及越南等中国西南周边国家为人民币周边使用的典型区域。

一、人民币在周边国家跨境使用的内涵

人民币在周边国家跨境使用是指在中国周边国家特定区域内，由于经贸、投资、旅游等因素驱动，周边国家政府、企业及居民对人民币产生需求，使人民币在中国周边区域行使国际货币职能并发挥关键货币作用，是人民币在中国周边国家逐步发挥国际货币职能，成为自由兑换、交易结算、计价流通货币和充当储备货币的过程。人民币周边跨境使用渐进形成人民币周边化，即周边国家境外非居民接受人民币广泛使用，包括人民币作为主要储备货币进入周边国家金融中心，在境外形成了一定规模的人民币流量和存量（钟伟，2008；杨荣海，2011；徐玉威，2018；张家寿，2022）。

二、人民币周边国家跨境使用有利于人民币区域化与国际化

（一）人民币周边化是人民币国际化长期进程的早期必要阶段

选择一条合适的人民币国际化路径对中国与世界经济体高质量发展具有重要作用。从周边国家出发，从贸易与投资的真实需求出发，通过人民币区域化实现人民币全球化，是人民币国际化更为审慎和稳健的路径（石杰，2008；唐双宁，2009；张明，2015；陈雨露，2015；马涛，2018；常殊昱等，2019）。人民币的辐射优势主要集中于周边地区，以周边地区作为突破口，从相邻或接壤国家出发，以与周边国家贸易合作为出发点，通过人民币跨境结算，完善人民币计价结算使用，不仅可以实现人民币周边区域化，夯实人民币完全国际化的基础，通过地区经济合作机制将人民币使用拓展到亚洲区域，也可以将人民币发展成为区域货币或基准货币，推动人民币区域国际化（李婧等，2014；Chao，2016；Fung and Halaburda，2017；刘刚和张友泽，2018；Xia，2018）。

（二）人民币周边跨境使用有利于区域经济合作深化

1. 促进了贸易投资便利化

人民币周边跨境使用有利于避免跨境交易双方烦琐的货币兑换交易流程和使用第三方货币的不确定性，提高跨境交易效率，并促进贸易投资便利化（Sussangkarn，2020）。

2. 深化了双边金融合作

人民币周边跨境使用建立在中国与周边国家金融合作基础之上，能够促进双边金融合作进程。双方通过共商共建达成合作共识，推进人民币跨境使用标准化、规范化和便利化。同时，建立境外清算行、人民币离岸市场以及放宽 RQFII 投资额度限制等人民币跨境使用的配套制度安排，也成为双边金

融合作的重要制度创新（Zhang and Tao，2016；Boros and Sztanó，2022）。

3. 加强了区域金融稳定

一方面，稳定的币值对人民币在周边国家跨境使用尤为重要，可预测性和低波动率加强了交易双方对计价结算货币的信任，降低了汇兑风险（张国建等，2017）。另一方面，随着中国与周边国家对外贸易增长，周边国家对人民币依赖程度陆续提高，人民币逐渐成为周边国家重要参考货币，协助汇率稳定发挥货币锚效应（Subramanian and Kessler，2013；Ito，2017；Keddad，2019）。

4. 推动了区域经济一体化

中国作为贸易强国，位于周边国家生产网络核心，在利用区域供应链、深化与其他亚洲国家的联系以及构建区域合作机制方面具有天然优势。因此，以周边国家为突破口，通过人民币辐射效应，既可以推动人民币区域化，夯实人民币完全国际化基础，还能形成一体化的贸易金融网络，助力建立人民币区（段世德，2017；Eichengreen and Lombardi，2017；Liu et al.，2022）。

三、东南亚地区在人民币"周边化—区域化—国际化"空间拓展中具有重要地位

人民币国际化现行演进路径呈现出先作用于东亚国家和地区，再逐步扩展到东南亚发展中国家，最后影响至欧洲、南美洲、澳大利亚等发达国家或地区和"一带一路"共建国家的特征。东南亚地区是人民币区域化的首选区域，在人民币跨境使用及人民币国际化水平的高低方面起到重要作用。对于东南亚而言，人民币区域使用有助于促进区域经济合作，降低交易成本和汇率风险，可加速区域经济一体化进程（高海红，2011；张见等，2012；Ma et al.，2022）。

（一）良好的史地基础

中国与东南亚国家山水相邻，睦邻友好关系源远流长。尤其在应对1997年亚洲金融危机中，中国政府明确表态人民币汇率不贬值，保持稳定，这为东南亚、整个亚洲乃至世界金融的稳定做出了巨大贡献，赢得了广大东南亚国家的普遍信任（胡松明，1998；张岚松，1998）。对内而言，中国西南地区有多个陆路口岸和港口，由内地通过昆明、南宁、海口等地的陆路口岸和广州、深圳、海口等地港口，向外对接泰国、越南、缅甸、老挝和柬埔寨——"陆上东南亚"以及印度尼西亚、马来西亚、文莱、菲律宾、东帝汶和新加坡——"海上东南亚"；对外而言，东南亚地区是共建"一带一路"倡议的重要组成部分，是通往21世纪"海上丝绸之路"的重要枢纽（王勇辉，2016）。中国与东南亚地区通过基础设施建设、投融资平台等连接，建立人民币货币惯性，为人民币形成外部网络、辐射东南亚周边区域乃至亚洲提供潜在空间和发展机遇（程贵和张小霞，2020；Cai，2022）。

（二）有利的制度条件

中国与东南亚国家签署了一系列协议，为人民币在东南亚的流通使用提供了良好的制度基础，包括：2000年5月的东盟与中日韩"10+3"特别财长会议上签订的《清迈协议》；2007年以来中国与泰国、印度尼西亚、马来西亚、新加坡、越南、老挝等东南亚国家所签订的双边本币互换协议、双边本币结算合作协议、人民币业务清算协议等，这些都有利于推进人民币区域化。大部分东南亚国家已经与中国签署共建"一带一路"合作文件，这为人民币在东南亚地区的使用奠定了良好的制度基础。共建"一带一路"倡议的提出与实施为人民币国际化提供了重要契机，借助区域贸易和共建"一带一路"重大项目投资推动，人民币有望在东南亚区域基础设施融资机制中成为关键货币（林乐芬和王少楠，2015；严佳佳等，2017；程贵和张小霞，2020）。

（三）显著的实践成果

（1）在人民币跨境贸易与投资结算方面，2021 年东盟国家跨境人民币结算量达 4.8 万亿元，同比增长 16%。其中，东盟国家直接投资项下人民币跨境收付金额合计 6094.2 亿元，同比增长 43.5%。[①]

（2）在银行间货币挂牌交易方面，东南亚地区已经有六个国家实现了人民币挂牌交易（鲍阳等，2020）。其中，人民币对越南盾、柬埔寨瑞尔、印度尼西亚卢比已经实现了银行间外汇市场的区域交易。人民币对泰铢、新加坡元、马来西亚林吉特这三种货币，已经实现了银行间外汇市场的直接交易（李欢丽和刘昊虹，2022）。相关统计显示，2022 年人民币对泰铢、新加坡元、马来西亚林吉特即期交易规模分别达 22.16 亿元、103.58 亿元和 4.94 亿元。[②]

（3）在货币互换方面，货币互换的规模和范围持续扩大，自 2009 年起，中国先后与马来西亚、印度尼西亚、新加坡、泰国和老挝五个东南亚国家签署了双边货币互换协议。作为推进人民币国际化的基本机制，货币互换机制在未来的几年内有望覆盖整个东南亚地区（云倩，2019）。截至 2022 年底，中国与这五个东盟国家之间的货币互换金额已累计高达 25300 亿元。[③]

（4）在人民币发挥储备货币功能方面，柬埔寨等国中央银行已经将人民币作为本国的外汇资产纳入外汇储备体系之中，人民币价值储藏功能进一步得到发挥（鲍阳等，2020）。截至 2022 年，马来西亚、新加坡、泰国、印度尼西亚、柬埔寨和菲律宾六个东南亚国家已宣布将人民币纳入外汇储备。[④]

---

① 《2022 年人民币东盟国家使用报告》。
② 资料来源：中国货币网，https://www.chinamoney.com.cn/chinese/mtmoncjgl/。
③ 中国人民银行发布的《2022 年人民币国际化报告》。
④ 资料来源：柴雅欣.深度关注丨人民币缘何受欢迎［EB/OL］.中央纪委国家监委网站，https://www.ccdi.gov.cn/toutiao/202304/t20230417_258946.html，2023-04-17.

（5）在人民币离岸市场建设方面，中国五大国有银行在东南亚国家设置了近 200 家分支机构，助推了人民币与这些国家货币之间的清算业务（李俊久和蔡琬琳，2020）。新加坡已成为中国香港、英国伦敦之外的全球第三大离岸人民币金融中心（马涛，2018）。

四、老挝、缅甸及越南等中国西南周边国家是东南亚地区人民币跨境使用的典型国家

在老挝、缅甸及越南等周边国家与中国接壤的边境地区，人民币正在飞速成为具有主导地位的交换媒介，在境外旅游中人民币已被广泛接受。

（一）人民币在中国西南周边国家边境地区广受欢迎

20 世纪 90 年代初，中国与大湄公河次区域国家外交关系正常化，云南与周边国家经贸合作快速发展，并在边境贸易中率先使用人民币结算，在中国西南周边的东南亚国家边境地区，人民币正在飞速成为具有主导地位的交换媒介（敖学文，2007）。自 2003 年起云南开始使用人民币进行跨境投资，中老、中缅、中越边贸结算人民币占比均在 90% 以上，在缅甸北部某些地区甚至出现人民币替代缅甸元成为流通货币的现象。在老挝东北部地区，也出现了人民币替代老挝基普进行流通的现象，最远深入到老挝万象一带。在新加坡、马来西亚、泰国、老挝、缅甸及越南等国家的一些商店，人民币甚至可以直接购买商品（陈文慧，2012；牟怡楠，2013；马广奇和李洁，2015）。在老挝、缅甸、越南境外旅游服务活动中，人民币也已成为广受欢迎的货币（杨荣海和冉萍，2009；刘方，2019）。

自 2015 年以来，人民币在中国西南周边东南亚国家的认可度和使用度不断提高，在区域国家的货币篮子里的影响力得到小幅度的提升。越南政府和缅甸政府正在积极推进越南盾、缅甸元和人民币之间的自由兑换工作。泰国、

马来西亚、新加坡等国成立了人民币业务清算行，以此促进人民币在该国投资和国际贸易结算等领域的使用。区域国家纷纷将人民币纳入本国外汇储备，与中国之间的外汇交易也更加频繁，人民币在某些周边东南亚国家的影响力已经达到了较高水平。在新冠疫情影响下，东南亚国家普遍遭受严重的经济损失，期待通过中国的货币援助以缓解经济压力（林乐芬和王少楠，2015；徐奇渊和杨盼盼，2016；高明宇和李婧，2020；李俊久和蔡琬琳，2020；赵儒南，2021）。

（二）人民币周边国际化成为中国云南与周边国家金融合作的重要内容

中国云南作为人民币自发跨境流动最早的省区，为全国提供了宝贵的人民币跨境使用早期实践经验（王智勇，2007；丁文丽，2009；丁文丽等，2011；胡列曲等，2011；卢光盛和邰可，2011）。20世纪90年代以来，云南发挥区位优势，利用"云南、广西沿边金融综合改革试验区""中国（云南）自贸试验区""中国面向南亚东南亚辐射中心"等国家政策叠加支持优势，积极推进沿边金融开放与合作。云南在人民币周边国家跨境使用、双边金融机构合作、区域金融安全、双边货币直接兑换机制建设、人民币对周边国家非储备货币区域性外汇市场建设、反洗钱及人民币反假等领域积极展开了创新性研究和实践探索，开创了人民币与老挝吉普、缅甸元、越南盾本外币结算"河口模式"，人民币对缅甸元货币兑换汇率"瑞丽指数"、人民币对越南盾货币兑换汇率"YD指数"，构建了以银行间市场区域交易为支撑、银行柜台交易为基础、特许兑换为补充的全方位、多层次人民币与周边国家货币的区域性货币交易的"云南模式"等全国可推广、可复制经验，成为人民币跨境使用和中国沿边金融开放与合作的典型省区（丁文丽等，2014；者贵昌，2017；丁文丽和胡列曲，2021）。

五、研究述评

现有研究对人民币在东南亚以及中国西南周边国家跨境使用的现状、前景、条件等进行了有益的探索。这些研究丰富了该领域的研究内容，为后续研究奠定了良好基础，提供了可借鉴的思路。然而，就老挝、缅甸、越南三国人民币周边跨境使用的典型性而言，以下四个方面的问题尚需加以深入研究：

（1）分国别的研究。人民币在中国西南周边国家跨境使用总体上有历史渊源和区位优势，但具体到各个国家仍有使用程度、使用领域及特征方面的差异，按国别分析这些差异及其原因，全面考虑特定主体与环境特征对货币跨境使用造成的影响，方能找到人民币在不同周边国家跨境使用的不同影响因素，从而有针对性地进行研究并提出相关措施。

（2）按货币职能分层次的研究。货币国际化最终以该货币在境外发挥国际货币职能为标志。人民币周边使用即人民币在周边国家发挥贸易结算计价货币、投资计价货币及储备货币职能的过程。对此分层次全面加以分析，方能准确认识人民币周边使用的程度、短板及进一步推进的路径。

（3）多种影响因素的全面研究。人民币周边使用进程受到本国和目的国或地区经济实力、金融发展水平、双边合作程度及区域政治共识等多种因素的全面影响，需要从宏观、微观多个层面系统分析人民币周边使用的优势与劣势，找到影响人民币周边使用的主要难点和挑战，精准发力。

（4）美元化对人民币周边国家跨境使用的影响。即便是在中国周边国家，美元强势国际货币的地位仍是不容忽视的，也是人民币周边化和区域化必须要着手解决的问题（丁剑平等，2015）。老挝、缅甸、越南和柬埔寨是东南亚地区典型的美元化国家。现有研究分析了这些国家美元化的成因、程度及其对通胀及汇率稳定的影响，尚未讨论美元化对人民币周边化、区域化的影响。① 从货币竞争的角度来讲，推进人民币在中国西南周边国家的使用由边境地区不断深入内陆地区，需要深入分析这些国家美元使用惯性形成的背景、原因及影响因素路径，以从中汲取经验教训，并有针对性地采取政策举措予以应对。

第四节　跨境数字人民币的理论基础与研究动态

20 世纪 80 年代时，网络还是新兴事物，数据加密协议刚刚兴起。由于信用卡与个人信息绑定在一起，银行可以追查用户所有的交易记录，人们通过信用卡交易无隐私可言。同时，网络支付较之于传统支付是否安全的问题，也引起人们的担忧。数字货币研发与加密技术的运用可以有效解决上述问题，隐私保护思想、密码学与计算机技术和支付技术相结合，孕育了以加密货币为主要形态的数字货币。全球加密货币的出现和发展引起了世界各经济体中

---

① Kubo（2017）全面回顾和分析了柬埔寨、越南、老挝和缅甸的美元化发展历程、变化趋势、产生原因及美元化对货币政策的影响。更多的研究是对各国美元化成因、程度及"去美元化"政策选择的国别分析（Zamaróczy and Sa，2003；Menon，2008；Duma，2011；Pham，2017；Keovongvichith，2017）。在研究方法上，Ize 和 Yeyati（2003）运用最低方差投资组合模型，即 $\lambda_D = \lambda^* - E(r_D^H - r_D^F)/[c_D Var(r_D^H - r_D^F)]$ 和 $\lambda_L = \lambda^* + \frac{\delta_L}{c_L \sigma_{r_L}}$ 构建了一个分析美元化的理论框架，引入本币、外币和跨境货币，分析了存款美元化和贷贷美元化的决定因素。以此理论架构为基础，后续研究主要使用计量经济模型验证美元化的影响及影响美元化的因素，De Nicoló 等（2005）分析了美元化对金融深化与金融不稳定的关系，Honohan（2007）分析了汇率变动、通胀变动、货币增长和利率变动对美元化的影响，Luca 和 Petrova（2008）从企业需求和银行供给外币的视角，探讨了信贷美元化的均衡条件，Lay 等（2010）讨论了美元化与瑞尔汇率波动之间的关系。国外对中国西南周边国家美元化研究中涉及的外国货币是美元和泰铢，尚未提及人民币，更没有讨论美元化对人民币区域化的影响。

央银行对数字货币的关注，世界多家央行进行了央行数字货币的研发或试验。中国人民银行数字人民币研发与应用推广处于世界前列，已开展多场景运用。尽管数字人民币已具备跨境使用的技术条件，但是由于货币跨境支付问题需要考虑货币主权、汇兑安排与合规监管等诸多国际问题，目前数字人民币跨境支付尚未实现。

一、广义数字货币——来自私人部门的早期探索

（一）广义数字货币的主要形态

1. 数字现金（eCash）

20 世纪 90 年代，互联网支付安全和个人隐私保护问题激发了人们对数字货币的研究。数字现金堪称数字货币的雏形。1983 年，加州大学计算科学系的戴维·乔姆（David Chaum）发表了一篇具有开创意义的论文——《用于不可追踪支付的盲签名》①，其中提出了一种全新的基于密码学盲签名加密技术的不可追踪的支付系统——数字现金，这是最早的数字货币雏形。与传统支付系统相比，该系统将提供更好的网络可审核性和控制，同时可以更好地保护个人隐私。1989 年，乔姆将数字现金的想法商业化，在荷兰阿姆斯特丹创立了数字现金公司（DigiCash），并在 1995～1998 年创建了数字货币"eCash"，这一电子货币在网上试用了 11 个月，吸引了 3 万多用户和 70 多家商户。用户申请账号并缴费后即可通过银行将"货币"置于电脑硬盘上，并使用公开密钥加密后传输给销售商，销售商可将"货币"传给银行以鉴定真伪。亨德森全球投资公司、ING 集团、微软、VISA 以及花旗银行等著名商业机构都曾对"eCash"抱有合作兴趣或投资意向，但由于乔姆本人对公司管

---

① Chaum D. Blind Signatures for Untraceable Payments ［C］. Advances in Cryptology：Proc. Crypto 82，1983.

理不善，最终导致数字现金公司（DigiCash）于 1998 年破产，"eCash" 这个一度成功的匿名加密数字货币以失败而告终。尽管 "eCash" 这一电子货币仍以银行作为媒介，与后来的数字货币有所不同，但其为后来其他数字货币的出现提供了重要的理论基础和实践借鉴。

2. CyberCash、First Virtual、CheckFree、Eshop Plaza、Cybertown 等公司创立的其他早期数字货币

继 "eCash" 之后，CyberCash、First Virtual、CheckFree、eShop Plaza、Cybertown 等公司创立了其他早期数字货币，包括数字钱包、交易账号创建等内容。这一时期的数字货币主要用于满足互联网购物支付需求，而且仍然基于银行信用卡账号进行交易，并未完全摆脱传统信用卡支付方式。尽管如此，当时的数字货币创新仍然获得 IBM、微软、MasterCard、澳大利亚 Advance 银行、德国 Deutsche 银行、美国 Mark Twain 银行、芬兰 Merita 银行等大商业机构的关注与支持，为后期数字货币发展打下了基础。

3. 加密数字货币

加密货币种类繁杂，数量巨大。2021 年全球有影响力的加密货币已达 1 万余种，总市值超过 1.3 万亿美元。① 比特币（Bitcoin，BTC）和全球最大的社交平台 Facebook 推出的加密货币天秤币（Libra）是最具代表性的加密货币。与传统货币相比，加密数字货币能够有效降低发行成本、流通成本和交易成本。根据麦肯锡管理咨询公司的测算，从全球范围看，区块链技术在 B2B 跨境支付与结算业务中，可使每笔交易成本从 26 美元下降到 15 美元。而点对点的支付方式，可以跳过金融中介机构，提升支付效率，让实时支付成为可能，满足支付的及时性和便捷性需求（王朝阳和宋爽，2020）。"加密" 意味着用户之间在支付过程中的私密性，反映的是通过加密安全技术对

---

① 中国人民银行数字人民币研发工作组. 中国数字人民币的研发进展白皮书［R］. 2021.

用户隐私的保护。而此处的"货币"不同于我们传统的现金或硬币，它实际上是一种电子现金的形式，并非真正意义上的货币，因为"加密货币"并不能履行可靠的交易媒介、价值储藏和计价单位这三大货币职能。

（二）广义数字货币的主要特征

1. 点对点和"去中心化"的思想与技术

广义数字货币的典型特征是点对点和"去中心化"，这是一把"双刃剑"。一方面，这一技术特征赋予了数字货币灵活便捷、更低成本与更高效率。代表性加密货币 Libra 自诞生以来的使命就是"建立一套简单的、无国界的货币和为数十亿人服务的金融基础设施"①，相较于 SWIFT 传统支付方式耗时长、成本高的问题，Libra 会实现快速跨境转账和更为低廉的转账成本。由于加密货币点对点、"去中心化"使支付无须通过第三方层层审批或者参与就可以完成，交易时间和金额完全由加密货币持有者控制，交易成本大幅降低，交易时长也大幅缩短。另一方面，点对点和"去中心化"技术意味着中央银行或者政府不会为加密货币出现的问题埋单。加密货币的私钥如果被盗或者丢失，原持有人无法通过私钥去解密加密资产，官方部门不会负责帮持有人找回加密资产，加密资产就此丢失，无法恢复，这是加密货币被称为"风险巨大的加密资产"的重要原因。

2. 匿名性与个人隐私保护

"数字货币的发明者"戴维·乔姆在 1983 年所提出的"用于不可追踪支付的盲签名"即针对传统支付方式可以追踪到每一笔支付背后的客户信息，从而无法保证客户隐私的问题。数字货币盲签名技术的出现，可以在支付完成以后更好地保护客户隐私，这一点是数字货币研究的出发点，也是迄今为

---

① 资料来源：Facebook 加密货币项目 Libra 白皮书全文（简体中文版）[EB/OL]. 金融界，https：//baijiahao. baidu. com/s? id＝16366719819068172389&wfr＝spider&for＝pc，2019－06－18.

止用技术手段可以实现的内容。

3. 给传统金融与金融监管带来挑战

加密货币点对点、不可追溯的技术特征导致其自使用以来就产生了诸如欺诈、市场操纵、金融犯罪、消费者保护、分布式分类账中的负债、大型封闭式网络发展可能阻碍市场准入、对有关加密货币税收政策的担忧以及对货币政策及金融稳定的冲击等问题。对于如何监管加密货币，各国都处于探索阶段，并且对加密货币的态度也各有不同。在中国，加密货币不具有与法定货币等同的法律地位。

二、狭义数字货币——来自各国或地区央行的制度创新

一方面，全球数字经济发展趋势的客观要求以及新型支付方式带来了金融基础设施的变化，现金货币的功能和使用环境正在发生深刻变化，现金使用数量面临收缩，数字货币未来将与现金长期并存、互为补充。另一方面，全球加密货币发展迅速，但数字货币技术发展与应用优劣并存，给国际金融领域带来了反思与挑战。基于以上两点，数字货币引起了越来越多国家或地区中央银行的关注，世界多家央行已经开始央行数字货币（Central Bank Digital Currency，CBDC）的研发和试验。国际货币基金组织（International Monetary Fund，IMF）数据显示，截至 2022 年 7 月，全球有 97 种央行数字货币处于研究或开发阶段，有 2 种已完全投入使用：2020 年 10 月巴哈马推出的"沙元"（Sand Dollar）和 2021 年 10 月尼日利亚推出的 e-奈拉（e-Naira）。除此之外，全球还有 15 个正在进行试点的央行数字货币项目，另有 15 个项目处于进阶研究阶段。①

---

① 资料来源：国际货币基金组织官网，https://www.imf.org/zh/Search#q=cbdc%20cross-border%20payment&sort=relevancy。

（一）央行数字货币的研发与试验

1. 日本银行"通用"央行数字货币

尽管日本银行尚无发行 CBDC 的计划，但考虑到信息通信技术飞速发展，未来公众对央行数字货币的需求可能激增，为确保能够提供稳定高效的支付和结算系统，自 2020 年 10 月以来，日本银行一直在进行数字货币的研发与论证，并公布了其"通用"（general purpose）央行数字货币的观点，即面向包括个人和公司在内的广泛终端用户的央行数字货币。这一数字货币将与现金一起作为一种支付工具，为数字社会提供一种适宜的支付和结算体系。①

2. 欧洲中央银行数字欧元

欧洲中央银行对数字货币的考察与研究始于 2021 年 7 月。2021 年第四季度，数字欧元研究项目组成立。欧洲中央银行认为，在快速变化的数字世界中可以通过数字欧元为公众提供安全的货币形式来达到欧元体系的目标。数字欧元可作为欧元现金和存款的有益补充，与现有支付体系形成协同效应，以支持欧洲数字经济发展，规避不受监管的支付渠道和解决方案所带来的风险。欧洲中央银行对数字欧元的研发重点包括数字欧元的使用场景（use cases）、数字欧元的使用群体（公众和商业）、数字欧元在线/离线应用问题、数据隐私标准、基于数字欧元申请率的设计选择问题、流通中金额、原型开发、数字欧元生态系统等，在研究中主要采用了分布模型（distribution model）、计算模型（settlement model）以及补偿模型（compensation model）。至 2023 年第二季度，数字欧元用户需求得以最终确定，并已进入项目实施前的准备阶段。②

---

① 资料来源：日本银行官网，https：//www. boj. or. jp/en/index. htm。
② 资料来源：欧洲中央银行官网，https：//www. ecb. europa. eu/paym/digital_ euro/shared/pdf/ Digital_ euro_ project_ timeline. en. pdf。

3. 英格兰银行数字英镑

英格兰银行预计其最早会在 2026～2030 年发行数字英镑（Digital Pound），其对数字英镑的研发是基于当今数字支付方式正在变得越来越普遍的现状，可能会对金融稳定带来风险。英格兰银行认为，与加密货币"去中心化"不同，数字英镑的发行主体是英格兰银行，它将是无风险、高度可信且可以使用的货币。数字英镑将会与现在实物英镑现金的作用完全一致，它不是储蓄，持有无息。消费者通过智能手机或智能卡访问私营部门提供的数字钱包进行在线或者线下数字英镑支付。而且根据严格的隐私和数据保护标准，政府和银行都无法访问个人数据，持有人的隐私级别与银行账户相同。由英格兰银行发行的类似于英镑电子版本的数字英镑，有助于公众防控支付时面临的欺诈风险，保持公众对货币的信任，保护金融体系安全，提升支付效率，并使创新成为可能。①

4. 美国联邦储备银行数字货币

美国联邦储备银行（以下简称美联储）从促进货币和金融稳定以及支付系统的安全和效率出发，考虑央行数字货币如何改善已经安全高效的美国国内支付系统。美联储认为央行数字货币存在潜在好处和风险。一方面，其可为家庭和企业提供一种安全性和流动性兼具的方便的电子形式支付货币，为企业家提供一个创造新金融产品和服务的平台，支持更快、更便宜的支付，以及扩大消费者进入金融系统的机会。另一方面，央行数字货币也可能会给现有金融货币政策带来重要挑战，包括影响金融部门的市场结构、信贷的成本和可得性、金融系统安全和稳定以及货币政策的有效性。②

5. 中国人民银行数字人民币

与日本、欧洲等国家和地区央行数字货币相比，中国央行数字人民币的

① 资料来源：英格兰银行官网，https：//www.bankofengland.co.uk/the-digital-pound。
② 资料来源：美国联邦储备银行官网，https://www.federalreserve.gov/cbdc-faqs.htm。

研发及应用推广走在了世界前列。

2021 年 7 月，中国人民银行发布《中国数字人民币的研发进展白皮书》，指出数字人民币是中国人民银行发行的数字形式的法定货币，由指定运营机构参与运营，以广义账户体系为基础，支持银行账户耦合功能，与实物人民币等价，具有价值特征和法偿性。数字人民币包含五个方面的特征：数字人民币是央行发行的法定货币；数字人民币采取中心化管理，双层运营；数字人民币主要定位于现金类支付凭证（M0），将与实物人民币长期并存；数字人民币是一种零售型央行数字货币，主要用于满足国内零售支付需求；在未来的数字化零售支付体系中，数字人民币和指定运营机构的电子账户资金具有通用性，共同构成现金类支付工具，商业银行和持牌非银行支付机构，在全面持续遵守合规（包括反洗钱、反恐怖融资）及风险监管要求，且获央行认可支持的情况下，可以参与数字人民币支付服务体系，并充分发挥现有支付等基础设施作用，为客户提供数字化零售支付服务。①

2014 年，中国人民银行成立法定数字货币研究小组，开始对数字人民币的发行框架、关键技术、发行流通环境及相关国际经验等进行专项研究。2016 年，中国人民银行成立数字货币研究所，完成法定数字货币第一代原型系统搭建。2017 年末，经国务院批准，中国人民银行开始组织商业机构共同开展法定数字货币研发试验，基本完成顶层设计、功能研发、系统调试等工作，并遵循稳步、安全、可控、创新、实用的原则，选择部分有代表性的地区开展试点测试。2019 年末和 2020 年 11 月，中国人民银行分两批在 10 个地区（深圳、苏州、雄安、成都、上海、海南、长沙、西安、青岛、大连）和 1 个场景（冬奥场景）开展数字人民币使用试点。2022 年 1 月 4 日，数字人民币 App 试点版正式上线，标志着数字人民币由研发阶段进入试验阶段。

---

① 中国人民银行数字人民币研发工作组. 中国数字人民币的研发进展白皮书［R］. 2021.

2022 年 1 月 7 日，京东、美团、饿了么、天猫超市、滴滴出行等 49 家平台接入数字人民币系统，之后，数字人民币新增了苏州住房公积金场景应用、江苏常熟试点公职人员数字人民币工资发放、苏州符合条件的购车数字人民币补贴等应用场景。2023 年 5 月 31 日，数字人民币 App 迎来重磅更新——新增"乘车码"功能，支持杭州地铁、绍兴地铁、杭海城际铁路等"展码进站"，实现杭州、绍兴、海宁三地"一码通行、互联互通"，标志着全国首个数字人民币"乘车码"应用场景在浙江正式落地。截至 2023 年 6 月，数字人民币试点地区扩大到北京、天津、河北、辽宁（大连）、上海、江苏、浙江（杭州、宁波、温州、湖州、绍兴、金华）、福建（福州、厦门）、山东（济南、青岛）、湖南（长沙）、广东、广西（南宁、防城港）、海南、重庆、四川、云南（昆明、西双版纳）、陕西（西安）等地（彭杨，2023）。数字人民币的应用场景也在不断丰富和扩大，涉及无人售货车、自动售货机、无人超市、缴税业务、预付资金数字人民币智能合约、住房公积金、公共交通、餐饮文旅、购物消费、数字人民币红包、生活缴费、工资发放、教育医疗、社会保障等（吴秋余，2023）。随着更多民生应用场景的接入，数字人民币交易规模有望得到极大提升。①

中国人民银行数字人民币定位于 M0，主要用于满足国内零售支付需要，但适应于批发业务满足机构之间大额结算需求的数字人民币尚未研发。

（二）狭义数字货币的特征

从中、美、欧、日各国或地区央行数字货币研发情况来看，尽管各国或地区对数字货币的研发试验进展不尽一致，但各国或地区对央行数字货币本质特征的认识却保持一致。各国或地区央行数字货币既显著区别于"加密货币"等广义数字货币，也与传统货币形式存在区别与联系，主要表现在：

---

① 资料来源：全国首个数字人民币"乘车码"助力杭州亚运［EB/OL］. 中国人民银行，http：//www.pbc.gov.cn/goutongjiaoliu/113456/113475/4935202/index.html，2023-06-02.

①中心化。不同于加密货币的"去中心化"特征，央行数字货币是中心化的货币，即由中央银行发行，是中央银行对公众的负债。②法定货币。虽然央行数字货币的形式有别于传统的纸币和硬币等实物货币，但其法定货币的地位与实物货币一致，两者互为补充、长期并存。③履行货币职能。虽然央行数字货币的货币形式发生了变化，但其承载的货币职能与实物货币一致，即依然履行价值尺度、支付手段、价值贮藏等相应货币职能。④即时支付能力。央行数字货币提供类似于传统现金货币的交易结算终局性和即时支付能力，为了使最终用户能够快速结算或频繁支付，央行数字货币需要具有足够的处理能力和可扩展性，为未来使用增加做准备。⑤安全性。安全的央行数字货币支付有必要纳入假冒威慑技术并加强安全性管理，以防止各种非法支付活动或者诈骗行为。⑥互操作性。央行数字货币系统与其他支付和结算系统应有互操作性，并具有灵活的架构以适应未来的变化，包括适应私人支付服务改进的需求。

三、数字货币跨境支付研究与开发

（一）传统跨境支付清算体系的发展

美国通过纽约清算所银行同业支付系统（Clearing House Interbank Payment System，CHIPS）和国际资金清算系统（Society for Worldwide Interbank Financial Telcommunication，SWIFT）管理的跨境支付系统获得全球金融主导地位，并伺机对非同盟国进行金融制裁，引发了世界其他国家对这一支付清算体系的担忧，开始尝试建立新的跨境支付清算体系（孙婷轩和杜瑞岭，2023），比如欧盟的贸易往来支持工具（Instrument for Supporting Trade Exchanges，INSTEX）、俄罗斯银行金融信息传输系统（Financial Messaging System of the Bank of Russia，SPFS）和中国的人民币跨境支付系统（Cross-border Interbank Payment System，CIPS），都是类似系统。

欧盟的 INSTEX 是英国、法国及德国为维护"联合全面行动计划"，共同创建的与伊朗合作的商贸结算机制，目的是在美国主导的全球金融体系之外，帮助欧洲企业绕过美国对伊朗制裁和美元结算，与伊朗进行正常贸易。2019年 6 月，INSTEX 投入运行。截至 2020 年 3 月底，比利时、丹麦、芬兰、荷兰、挪威、瑞典加入 INSTEX，INSTEX 扩张至 9 个国家。俄罗斯的 SPFS 于2014 年开发，2019 年投入使用，是俄罗斯部分银行被踢出国际资金清算系统（SWIFT）以后，俄罗斯建立的俄罗斯银行金融信息传输系统。截至 2022 年6 月底，已有 12 个国家的 70 家银行接入俄罗斯 SPFS 系统。中国的 CIPS 于2012 年启动一期建设；2015 年 10 月 8 日，CIPS 系统一期成功上线运行；2018 年 3 月 26 日，CIPS 系统二期成功投产试运行。截至 2023 年 6 月，CIPS共有 80 家直接参与者，1361 家间接参与者。①

上述国家或地区新开发的跨境支付系统虽然在一定程度上解决了各国或地区对独立自主跨境支付体系的需求，但与 SWIFT 高达 1.1 万家金融机构成员的结算广度与深度尚有很大差距，短期内尚且无法对 SWIFT 带来挑战。随着数字货币的研究和发行，各国或地区又将目光转向数字货币跨境支付体系，期望通过科技手段建立费用低廉、运行高效且公正中立的跨境支付清算体系。

（二）央行数字货币跨境支付体系开发

如前所述，现有跨境支付体系以 SWIFT 和 CHIPS 为核心系统，由发达国家或地区特别是美国为主导，其跨境支付成本高、效率低，对发展中国家不友好、特殊时期通过踢出系统等手段制裁相关国家，不利于国家金融安全等问题突出，而数字货币的技术特点使全球跨境支付体系重组成为可能（刘东

---

① 资料来源：范子萌，张琼斯. 美国将部分银行踢出 SWIFT "金融核弹"威力有多大？［N］.上海证券报，2022-02-28.

民和宋爽，2017）。然而也正是由于广义数字货币的技术特点导致的洗钱、非法融资风险，引起了世界许多国家或地区对广义数字货币金融监管与法律规制的思考与实践，也引发了各国或地区中央银行对央行数字货币跨境问题的关注与研究。如前文所述，截至 2022 年 7 月，全球有 97 种央行数字货币处于研究或开发阶段，其中，部分项目已经就跨境资金批发或零售业务的跨境支付场景进行了研究和实验。

1. 斯特拉项目（Stella Project）

斯特拉项目是由欧洲中央银行和日本银行联合开展的项目，旨在通过研究和实验解决分布式记账在金融市场基础设施建设方面的机遇与挑战存在的争议。该项目于 2016 年 12 月启动，2018 年，欧洲中央银行和日本银行在前期合作的基础上，探索不同货币区之间跨境支付的创新合作方案，研究是否可以通过使用新技术来改善跨境支付的安全性，提出分布式记账不可知协议（ledger-agnostic protocol），实现不同类型分布式记账的同步支付，并评估了可用于跨分布式记账（cross-ledger）支付的各种跨境支付方法的安全性和效率。①

2. 多边央行数字货币桥（m-CBDC Bridge）

2017 年，中国香港金融管理局推出 LionRock 项目，主要研究数字港元批发业务和跨境支付问题。2019 年，中国香港金融管理局联合泰国中央银行启动了 Inthanon-LionRock 项目，主要研究数字货币在跨境支付中的应用，2021 年该项目正式更名为"多边央行数字货币桥"，邀请阿拉伯联合酋长国中央银行以及中国人民银行数字货币研究所加入，并得到国际清算银行香港创新中心的支持。2021 年第一阶段项目报告显示，该项目有助于促进跨境支付的

---

① 资料来源：Central Bank Digital Currencies for Cross-border Payments：A Review of Current Experiments and Ideas［EB/OL］. World Bank Group, https：//openknowledge. worldbank. org/server/api/core/bitstreams/bf47ee80-38fa-5a31-a287-ebbafe63ed3d/content, November 2021.

便捷性与高效率。2022 年 8 月 15 日至 9 月 23 日，多边央行数字货币桥组织 20 家商业银行完成国际首例基于真实交易场景的试点测试，累计完成跨境支付和外汇同步交易收付 164 笔。货币桥平台处理单笔业务最快可在七秒内完成，而传统代理行模式处理跨境支付和结算需要 3~5 天，货币桥项目跨境支付与结算效率十分显著，且跨境支付的成本相较于传统代理行模式也可节约近一半。截至 2022 年底，货币桥项目主要应用于零售型跨境资金支付结算业务场景，已完成四种央行数字货币的跨境交易（王剑和尹轶帆，2023；张琼斯，2023；李冰，2023；赵越强等，2023）。

3. 邓巴项目（Project Dunbar）

邓巴项目由国际清算银行创新中心联合澳大利亚储备银行、马来西亚中央银行、新加坡金融管理局和南非储备银行发起，主要为批发型数字货币的多国合作平台。邓巴项目的参与国家在资本层面管制因素较少，主要聚焦于银行间批发资金跨境支付与结算业务场景。

除此之外，新加坡和加拿大中央银行推出的 Jasper-Ubin 项目、阿拉伯联合酋长国和沙特阿拉伯中央银行共同推出的 Aber 项目，都是以研究和挖掘央行数字货币在跨境支付中的潜力为目的的积极尝试。

四、跨境数字人民币研究与开发

（一）政府部门视角

数字人民币跨境支付问题是中国人民银行数字货币研究所重点关注的问题之一。与加密货币不同，由于数字人民币属于中央银行数字货币范畴，数字人民币的跨境支付问题需要考虑货币主权、汇兑安排与合规监管等复杂的国际问题，目前数字人民币跨境支付尚未实现。当前数字人民币主要用于满足国内零售支付需要，但数字人民币具有跨境使用的技术条件，对数字人民币跨境支付的理论研究和实践探索也在积极进行，比如当前正在参加的"多边央行数字货币桥"项目。又如，2020 年 7 月，河北省人民政府办公厅印发《中国（雄安新区）跨境电子商务综合试验区建设实施方案》，其中明确提出"鼓励跨境电子商务活动中使用人民币计价结算，探索数字货币跨境支付"。再如，2023 年 2 月，深圳市地方金融监督管理局发布《深圳市金融科技专项发展规划（2023–2025 年）》，其中亦明确提出"支持数字人民币应用场景创新。按照人民银行统一部署，深入推进数字人民币试点工作，不断丰富应用场景、扩大试点规模，完善数字人民币生态体系。充分发挥深圳金融科技研究院（央行金融科技研究院）带动作用，推进数字人民币跨境支付和国际业务中心建设，支持多边数字货币桥等重大项目建设，有序拓展跨境支付场景，加强国际交流合作。支持人民银行贸易金融区块链平台建设，鼓励数字货币、区块链技术在跨境贸易、跨境投融资、资金清算结算等重点领域的研究应用，鼓励结合实体产业发展在深圳落地更多有益场景"。2021 年 5 月，数字人民币首次在海南跨境进口电商企业完成支付场景，其中既有中国工商银行提供数字人民币支付接口和运营服务，也有第三方支付公司提供支付接口和运营服务。

（二）商业银行视角

2017 年 2 月，招商银行实现将区块链技术应用于全球现金管理的跨境直联清算、全球账户统一视图和跨境资金归集这三大场景，成为全国首家将区块链技术应用于跨境支付领域的商业银行。2023 年 7 月，浙江稠州商业银行成功帮助浙江义乌一家从事国际化市场采购业务的个体工商户将跨境人民币市场采购货款入账到该商户的数字人民币钱包中，此举标志着该行首单数字人民币跨境收款业务成功落地，为涉外主体开展跨境交易带来新突破。

（三）学术界视角

（1）数字人民币跨境支付的路径选择应遵循"从境内到境外，从零售到批发，从经常项目到资本项目"的跨境支付路径选择，逐步打造数字人民币的跨境支付体系。在区域拓展方面，可以考虑区位优势，优先以东盟为主要合作伙伴，或推动数字人民币成为共建"一带一路"国家或地区首选的贸易结算首选货币（袁曾和汤彬，2022；马广奇和王宁宁，2022；黄洁，2023）。李礼等（2023）针对粤港澳大湾区数字人民币跨境支付体系进行了基于数字人民币的"双层运营"模式情境推演和仿真模拟，认为央行在跨境支付体系中起主导作用，商业银行是承上启下的关键节点，跨境商户更为看重数字人民币的安全性和低成本优势，而消费者更侧重于获取数字人民币的成本以及是否能从跨境支付中获益。

（2）数字人民币推广中的风险控制问题，涉及反洗钱措施、加强立法和跨境金融监管。从数字货币的技术性、中心化和大数据等技术手段出发，可以通过建立数字身份系统、建立反洗钱分析模型，运用大数据开展反洗钱分析试验（林木西和蔡凌楠，2022）。从法定数字货币的刑法保护来看，数字货币具有数据、财产和货币三大属性，数字货币犯罪的刑法应对应完善现有货币犯罪客观方面构成要件，增设"破坏数字货币管理秩序罪"等应对法律措施（李睿和张崇文，2023）。就数字人民币监管而言，应完善"中央银行—商业银行"二元发行模式，同时强化技术与监管的融合，明确监管主体、监管技术、监管方式，并制定相应的监管措施（张宜，2023）。数字人民币将进一步扩展国际贸易和资本跨境流动空间，但其也有可能成为跨境非法交易的工具。目前，广泛使用数字货币缺乏国际法支撑，货币当局应考虑数字人民币跨境支付体系与现行主要跨境支付体系的关系、区域间国际合作以及监管规则制定问题，广泛参与法定数字标准制定和国际合作，加强监管合规跨境合作，拓展合作层级，控制跨境风险（袁曾和汤彬，2022）。

（3）数字人民币跨境支付的不利因素。一方面，数字人民币在跨境支付领域有安全、高效及低成本等优势；另一方面，数字人民币跨境支付也存在一些不利因素，除了与强势货币及传统跨境支付系统的竞争之外，还存在主权障碍、法律法规缺失、外汇管制、金融基础设施不足、经济金融、文化、宗教等方面的国别差异性、人民币回流渠道不够畅通等阻碍因素（许偲炜，2021；马广奇和王宁宁，2022）。

（4）数字人民币跨境使用助推人民币国际化，数字人民币能够助力中国金融市场创新，有利于保持人民币币值稳定、提升人民币的网络外部性、提升货币监管效能和积极发挥外汇储备职能。可考虑通过拓展数字人民币货币职能、扩展应用场景、结合共建"一带一路"倡议和建设"粤港澳大湾区"以及借助第三方支付机构来拓展数字人民币跨境使用范围，同时借助数字人民币跨境支付完善 CIPS 系统的法律监管和基础技术水平，从而助推人民币国际化。也有观点认为虽然数字人民币具备跨境使用的技术条件，但并不意味着未来的发展重点是推动数字人民币在境外直接使用，发展数字人民币不是推进人民币国际化的捷径，也难以成为应对国际货币霸权的"武器"（管涛，2023）。

五、小结

自 20 世纪 80 年代"数字货币的发明者"戴维·乔姆基于个人隐私保护提出不可追踪支付的盲签名以来，数字货币的发展从理论逐步走向实践。数字货币理论中的盲签名技术、点对点技术、"去中心化"思想及区块链技术等随着数字货币的实践，特别是随着比特币的出现与发展逐步进入人们的视野。迄今为止，关于数字货币中加密货币的实践既有从一出现到现在仍然存续的货币，也有很多尝试后即销声匿迹的货币。加密货币的出现和发展从理论到实践都引起越来越多中央银行对数字货币的关注、研究与开发。巴哈马和尼日利亚已经推出了其中央银行数字货币。中国人民银行、美国联邦储备银行、欧洲中央银行、英格兰银行、日本银行等世界主要经济体的中央银行对各自的中央银行数字货币的概念论证、理论探索与试验实践等也都在进行之中。与加密货币"去中心化"特征不同,中央银行数字货币是中心化货币,体现国家信用。尽管各中央银行数字货币定位不尽相同,有的定位于零售货币,有的定位于批发货币,但各中央银行对央行数字货币跨境支付问题均比较谨慎,主要原因是央行数字货币跨境支付问题要考虑合法性、合规性、汇率冲击、跨国金融监管、反洗钱与反恐怖融资等诸多细节问题。

对比世界主要经济体央行数字货币的研发与实践,数字人民币研究与开发位于前列,数字人民币应用场景不断扩展,其跨境合作项目也在推进之中。从目前数字人民币主要定位于满足国内零售支付需求的现实来看,虽然数字人民币具备跨境使用的技术条件,但要真正走向跨境使用仍然任重道远。

第二章
人民币跨境使用现状

2008 年，以美国为起始点的全球金融危机爆发，世界经济陷入"低增长、低利率、低通胀、高债务"状态，国际社会意识到现行国际货币体系依赖单一主权货币的不可持续性，国际货币体系亟待改革。在此背景下，降低因他国货币带来的人民币汇率波动风险迫在眉睫，适时推动人民币跨境使用，启动人民币国际化进程正当其时。

第一节　人民币跨境使用总体进展

自 2009 年跨境贸易人民币结算制度安排正式启动以来，在国家一系列政策推动下，人民币国际化进程在跨境贸易与投资结算、双边货币互换、国际计价货币职能、国际储备货币职能及人民币离岸市场建设等方面发展迅速，人民币加入国际货币基金组织特别提款权（Special Drawing Right，SDR）货币篮子取得历史性突破，人民币全球支付排名显著提升。

一、跨境人民币结算稳中趋升

（一）跨境人民币结算范围逐步扩大

1. 跨境人民币结算地域范围境内、境外依次覆盖

2009 年 4 月 8 日，国务院常务会议决定在上海市和广东省的广州、深

圳、珠海、东莞共 5 个城市开展跨境贸易人民币结算试点，境外地域主要是中国港澳地区和东盟地区。2010 年 6 月 17 日，中国人民银行、财政部、商务部、海关总署、税务总局、银监会联合发布《关于扩大跨境贸易人民币结算试点有关问题的通知》，跨境贸易人民币结算试点由 2009 年的 5 个城市扩展到 20 个省（自治区、直辖市），境外地域扩展到所有国家和地区，试点业务范围包括进口货物贸易、跨境服务贸易和其他经常项目结算。2011 年 8 月 22 日，中国人民银行联合相关部委发布《关于扩大跨境贸易人民币结算地区的通知》，将跨境贸易人民币结算境内地域扩展至全国。自此，跨境贸易人民币结算区域准入方面全部放开。

2. 跨境人民币结算项目从贸易项目开始，逐步向直接投资项目和证券投资项目展开

2011~2013 年，我国先后出台了一系列关于人民币合格境外机构投资者（RMB Qualified Foreign Institutional Investor，RQFII）投资境内证券市场的法规和政策，允许人民币合格境外机构投资者投资境内证券市场，包括交易所市场、银行间市场、债券市场及股票市场。2014 年 11 月沪港通开通，2016 年 11 月深港通开通，人民币跨境使用范围进一步增大。跨境人民币结算范围除扩展至国际收支经常项目和资本项目外，进一步向大宗商品交易和保险产品投资等领域扩展，2018 年以来，我国先后允许上海、大连和郑州大宗商品交易所的境外交易者使用人民币保证金和采用人民币进行支付结算。2021 年 9 月，中国人民银行联合相关监管单位发布《粤港澳大湾区"跨境理财通"业务试点实施细则》，允许内地与港澳两地直接相互投资人民币低风险理财产品，跨境人民币使用范围再次扩展。

（二）跨境贸易人民币结算量持续增加

跨境贸易人民币结算试点初期，市场反应冷淡，结算笔数和结算量较少，

主要原因是试点企业担心出口退税政策不能如约实施。2009 年 9 月初，跨境贸易人民币结算出口退税业务开始正式办理，消除了企业担心退税问题的疑虑，跨境贸易人民币结算量在一个月内即超过 1 亿元。自此，跨境贸易人民币结算稳步发展。2010~2015 年，跨境贸易人民币结算高速增长，2010 年第一季度全国跨境贸易人民币结算额为 183.5 亿元，2015 年第三季度全国跨境贸易人民币结算额已达 2.09 万亿元，五年半时间增长了约 113 倍。其中，跨境货物贸易人民币结算额由 4380.5 亿元增长至 63911 亿元，跨境服务贸易人民币结算额由 683.7 亿元增长至 8432 亿元。2015 年跨境贸易人民币结算额占全球贸易结算比重达到了 2.71% 的历史峰值。①

2015 年 8 月 11 日，中国人民银行发布《关于完善人民币兑美元汇率中间价报价的声明》，拉开汇率改革的序幕，进一步推动汇率市场化改革，打破了人民币汇率单边升值预期，人民币贬值压力剧增，导致跨境贸易人民币结算量断崖式下滑，2015 年第四季度跨境贸易人民币结算额仅为 9942 亿元，跨境贸易人民币结算陷入停滞，2017 年跨境贸易人民币结算总额占全球贸易结算比重降至 1.4%。

其后，中国加快经济发展方式转型，推进供给侧结构性改革，促进服务贸易高质量发展，2017 年后跨境贸易人民币结算逐步恢复并稳中趋升。2021 年跨境贸易人民币结算额升至 7.87 万亿元，其中，跨境货物贸易人民币结算额 5.77 万亿元，跨境服务贸易及其他人民币结算额 2.10 万亿元（见图 2-1）。跨境贸易人民币结算份额比重占全球贸易结算比重上升至 2.19%（见图 2-2）。

（三）跨境投资人民币结算逐年增长

2011 年 1 月，中国人民银行发布《境外直接投资人民币结算试点管理办法》，允许所有试点区域的银行和企业申请办理直接投资人民币结算业务，

① 资料来源：Wind 数据库。

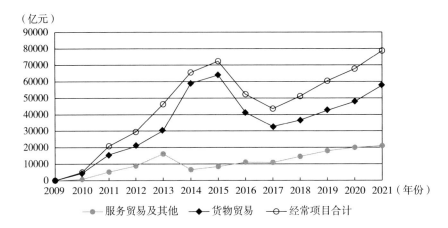

图 2-1 2009~2021 年跨境贸易人民币结算额

资料来源：中国人民银行。

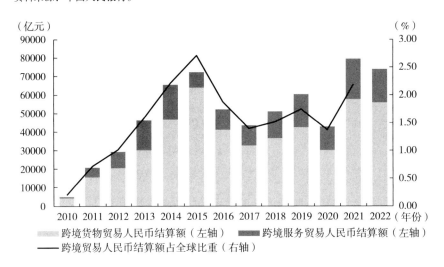

图 2-2 2010~2022 年跨境贸易人民币结算变动情况

资料来源：中国人民银行。

人民币直接投资从无到有迅猛发展，为金融服务实体经济加快贸易投资便利化注入了动力。2010~2021 年，人民币直接投资结算额由 280.4 亿元增加至 5.8 万亿元，结算占比由 0.15%提高至 27.34%，人民币在全球直接投资国际货币结算中占据了举足轻重的地位。

人民币直接投资以外商直接投资占主导，2021年外商直接投资人民币结算额高达4.16万亿元，占直接投资人民币结算总额的71.7%。人民币对外直接投资也显著增加，由2010年的56.80亿元提高至2021年的1.64万亿元，增长了近288倍（见图2-3）。

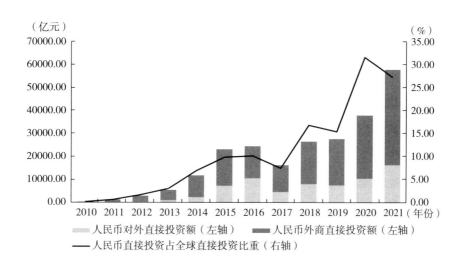

图2-3　2010~2021年人民币直接投资变化情况

资料来源：中国人民银行。

二、双边本币互换规模持续增加

双边本币互换是推进本币跨境使用的重要制度安排：①可以提高本币在对手国的认可度和接受度，可为两国货币提供回流渠道，是两国跨境货币结算清算和两国商业银行与金融机构开展本币业务合作的基础制度安排。②可以提高双方涉外经济金融的调节能力，减少外汇风险敞口，便利跨境本币结算。③可以为人民币离岸市场发展提供流动性支持，促进离岸人民币资产交易和管理，扩大货币伙伴及货币网络效应。

为促进跨境人民币结算和推进人民币国际化，2008 年以来中国人民银行先后与 40 个国家和地区签署（续签）双边本币互换协议（见表 2-1），截至 2022 年，互换货币规模接近 4 万亿元。

表 2-1　中国内地与 40 个国家和地区签署双边本币互换协议的情况

单位：亿元

序号	签署对象国家（地区）	签署及续签规模	序号	签署对象国家（地区）	签署及续签规模
1	中国香港	5000	21	匈牙利	400
2	马来西亚	1800	22	阿尔巴尼亚	200
3	白俄罗斯	70	23	欧元区（欧洲中央银行）	3500
4	印度尼西亚	2000	24	瑞士	1500
5	阿根廷	700	25	斯里兰卡	100
6	韩国	4000	26	俄罗斯	1500
7	冰岛	35	27	卡塔尔	350
8	新加坡	3000	28	加拿大	2000
9	新西兰	250	29	苏里南	10
10	乌兹别克斯坦	70	30	亚美尼亚	10
11	蒙古国	150	31	南非	300
12	哈萨克斯坦	70	32	智利	500
13	泰国	700	33	塔吉克斯坦	30
14	巴基斯坦	300	34	摩洛哥	100
15	阿拉伯联合酋长国	350	35	塞尔维亚	15
16	土耳其	350	36	埃及	180
17	澳大利亚	2000	37	尼日利亚	150
18	乌克兰	150	38	日本	2000
19	巴西	1900	39	中国澳门	300
20	英国	3500	40	老挝	60
合计					39600

资料来源：中国人民银行。

三、人民币国际计价货币职能逐步拓展

（一）大宗商品交易人民币计价

发挥国际计价货币职能是推进人民币国际化的重要方式。作为全球最大原油、铁矿石等能源资源的进口国和消费国，中国总结美元、英镑、欧元与大宗商品挂钩推进货币国际化的经验，积极探索了人民币大宗商品计价模式。目前中国已上市七个以人民币计价的特定品种交易期货，其中，2018 年推出原油、铁矿石和精对苯二甲酸期货，2019 年推出 20 号胶期货，2020 年上市低硫燃料油和国际铜期货，2021 年上市棕榈油期货，为大宗商品交易人民币计价结算提供定价基准发挥了重要作用。截至 2021 年底，大宗商品交易境外参与者累计汇入保证金 1244.98 亿元，累计汇出 1253.05 亿元，其中，以人民币计价交易占比分别达 69.1%、81.3%。[①]

（二）金融产品交易人民币计价

金融产品计价方面，中国积极出台了一系列放宽政策和支持举措，不仅推进了在岸与离岸金融市场相互循环、双向开放，也为境内外人民币资产流通营造了良好运行环境。

2018 年 4 月，中国证券监督管理委员会、香港证券及期货事务监察委员会同意扩大"沪股通""深股通"每日额度分别至 520 亿元，"港股通"每日额度至 420 亿元。2018 年 8 月，原中国银保监会发布《中国银行保险监督管理委员会关于废止和修改部分规章的决定》，取消中资银行和金融资产管理公司外资股比限制。2020 年 5 月，中国人民银行与国家外汇管理局联合发布《境外机构投资者境内证券期货投资资金管理规定》，放宽了 QFII 和 RQFII 准入门槛并取消相应投资额度限制。2020 年 6 月，国家发展改革委员会和商务部发布

---

① 资料来源：中国人民银行发布的《2022 年人民币国际化报告》。

《外商投资准入特别管理措施（负面清单）（2020 年版）》，完成金融业准入负面清单清零，实质性推动了金融对外开放进程。相关统计显示，2013 年至 2021 年，境外主体持有境内人民币金融资产持续增加，由 2.88 万亿元增加至 10.83 万亿元。其中，股票和债券的持有规模增长最为明显，分别由 2013 年的 3448.4 亿元和 3989.8 亿元增长至 2021 年的 3.94 万亿元和 4.09 万亿元（见图 2-4）。

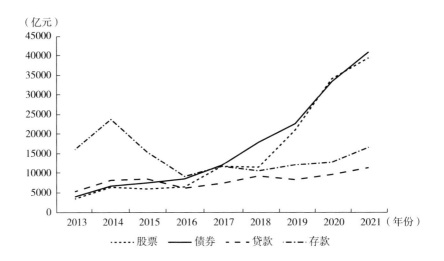

图 2-4　2013~2021 年境外主体持有境内人民币金融资产情况

资料来源：中国人民银行。

四、人民币国际储备货币职能取得历史性突破

（一）特别提款权

2016 年 10 月，国际货币基金组织将人民币认定为可自由使用货币，并将人民币纳入特别提款权（SDR）货币篮子，人民币成为与美元、欧元、英镑和日元并列的五种 SDR 货币，成为世界各国外汇储备币种选择的主要参考，为人民币发挥国际储备功能注入了强大动能，这成为人民币跨境使用及

人民币国际化的里程碑。2016年，人民币占特别提款权货币篮子权重为10.92%，超过日元和英镑，排名第三。2022年5月，国际货币基金组织执行董事会完成了五年一次特别提款权定值审查并一致决定：特别提款权五种货币篮子维持不变，将人民币权重由10.92%上调至12.28%，次于美元（占比43.38%）和欧元（占比29.31%），人民币权重稳居第三。2010年、2016年和2022年特别提款权货币篮子组成结构如图2-5所示。

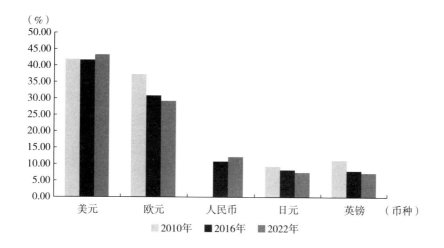

图2-5　2010年、2016年和2022年特别提款权货币篮子组成结构

资料来源：IMF。

（二）官方储备

人民币成为国际货币基金组织特别提款权篮子货币，促进了人民币官方储备货币职能的发挥。在外汇储备多元化发展趋势中①，人民币在全球储备

———————

① 2016~2022年，在外汇储备多元化进程中，美元储备占比持续下降，已由65.36%下降至58.36%，日元和欧元储备占比虽总体呈上升趋势，分别由3.95%和19.14%增长至5.51%和20.47%，但幅度波动相对较大，英镑储备占比保持相对稳定，2022年相较2016年仅增长0.6%。

货币中的比重显著提升。人民币外汇储备全球占比由 2016 年的 1.08% 提升至 2022 年的 2.69%。截至 2022 年第一季度，已有 80 余个境外央行或货币当局将人民币纳入外汇储备。[①] 2016~2022 年主要国际货币占全球储备货币比重变动情况如图 2-6 所示。

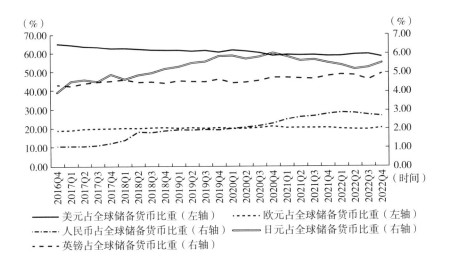

图 2-6 2016~2022 年主要国际货币占全球储备货币比重变动情况

资料来源：COFER 数据库。

五、人民币离岸市场稳步发展

离岸市场是承载国际货币职能的重要场所，货币国际化往往都伴随着境内外离岸市场的发展。[②] 人民币的出入闭环是人民币真正实现跨境流通的完

---

① 资料来源：中国人民银行发布的《2022 年人民币国际化报告》。

② 美元的国际化就是在欧洲美元和在其境内 IBF 市场的发展过程中不断形成的。日元的国际化也伴随着境外离岸市场和境内 JOM 市场的发展。在欧元的国际化进程中，境外离岸欧元市场也发挥了重要作用（马骏，2012）。

整过程，在中国资本项目尚未完全开放、人民币不能完全自由兑换背景下，通过发挥人民币离岸市场"桥头堡"作用，促进在岸与离岸市场良性互动、协同共进，是人民币跨境流通助推人民币国际化的必由之路。人民币离岸市场最初由境外存量人民币流通汇集到中国香港、伦敦、新加坡等离岸国际金融中心自发形成。为回应市场需求和促进人民币离岸市场规范发展，中国政府先后与中国香港金融管理局、新加坡政府、英国政府、德国政府和韩国政府等签订了合作备忘录或合作协议，正式推进人民币离岸市场的建设与发展，初步形成了覆盖多区域、拥有多元化金融工具的多层次人民币离岸市场。

首先，在人民币离岸市场地域拓展方面，中国香港、新加坡和伦敦人民币融资、人民币存款、人民币债券交易均处于前列，发展较好。中国人民银行发布的《2022年人民币国际化报告》显示，2021年主要离岸人民币市场存款余额超过1.54万亿元，同比增长21.3%。其中中国香港排名第一，余额9268亿元；中国台湾排名第二，余额2319亿元；伦敦排名第三，余额813亿元。同期，离岸人民币贷款余额5271亿元，离岸债券余额3531亿元。

其次，人民币计价交易的金融产品种类日渐丰富多样，不仅包含了各类存贷款、债券等传统产品，还创新了期货、期权、远期等衍生产品。一是离岸人民币信贷业务迅速增长。如前文所述，2021年主要离岸市场人民币存款余额超1.54万亿元，其中，中国香港、中国台湾、伦敦这三大人民币离岸市场的人民币存款总计1.24万亿元，占离岸市场人民币存款余额的比重高达80.52%。二是离岸人民币债券市场发展向好。2021年有境外人民币清算安排的国家和地区共发行人民币债券3531亿元，同比增长6.4%，其中，点心债发行了2309.01亿元。三是离岸人民币外汇市场稳步前行。2021年人民币外汇即期交易使用位列全球第六，其中，境外国家和地区交易规模依次为英国（35.8%）、美国（14.3%）、中国香港（9.4%）和法国（7.5%）。① 四是人民币跨境和离岸支付清算体系不断完善。为便利海外人民币支付和促进离岸市场繁荣与网络构建，中国人民银行在境外建立人民币清算行，进行清算安排，同时积极完善跨境人民币结算基础设施建设。2015 年 10 月，人民币跨境支付系统（CIPS）正式上线运行并不断迭代升级。以 CIPS 为基础，包括海外清算行、代理行在内的较为完整的人民币跨境和离岸支付清算体系初步形成。截至 2021 年底，我国已在新加坡、英国、德国、韩国、法国、卢森堡、老挝、柬埔寨、卡塔尔、加拿大、泰国、阿根廷、俄罗斯、澳大利亚、马来西亚、匈牙利、南非、赞比亚、美国、日本、菲律宾等 25 个国家和地区建立了 27 家人民币清算行，覆盖东南亚、西欧、中欧、东欧、中东、北美、南美、大洋洲和非洲等地。2021 年全年，境外人民币清算行清算量合计 468.03 万亿元，在境外清算行开立清算账户的参加行和机构达 950 个。截至 2023 年 6 月，中国已在 29 个国家和地区设立人民币清算行，并形成以中国香港为核心，新加坡、英国伦敦、卢森堡、美国纽约为主要支点，辐射亚洲、欧洲、美洲、非洲、大洋洲的全球人民币离岸市场网络空间格局，为助力人民币 24 小时无间断跨境交易、降低人民币清算结算风险提供了有力支持。

综上所述，自 2009 年跨境人民币结算制度出台以来，人民币跨境使用的广度和深度不断加强，在跨境使用的区域、领域及总量多个层面均取得明显进展，作为综合成效，人民币全球支付排名稳步上升，份额占比稳步增加（见图 2-7）。2021 年跨境人民币收付金额合计 36.61 万元，同比增长 29%。2009 年跨境人民币结算试点正式启动前，人民币国际支付排名位于 30 名以外，2012 年人民币全球支付排名尚居第 16 位，2014 年排名上升至第七名且国际支付份额超过 1.8%，至 2015 年人民币已成为全球五大支付货币之一，

---

① 资料来源：中国人民银行发布的《2022 年人民币国际化报告》。

位于美元、欧元、英镑、日元之后,人民币稳定成为全球公认的主要支付结算货币。2015~2020 年,人民币全球支付排名保持在第五名、第六名之间,2021 年全球支付份额上升至 2.3%,排名上升至第四,仅次于美元、欧元和英镑。2022~2023 年以来,受美元加息及俄乌冲突等因素影响,人民币全球支付排名有所波动,但仍然排名前五。尽管人民币全球支付地位明显改善,但从规模上看仍有较大发展空间。此外,人民币全球支付交易场所较为集中,中国香港是全球最大的离岸人民币清算中心,截至 2021 年 6 月,中国香港人民币支付交易全球占比达 77%,是第二大离岸人民币交易中心——伦敦的 10 倍之多(伦敦占比 7.4%)[①],人民币国际支付交易区域相对集中,区域不平衡特征明显,全球辐射范围还有很大的提升空间。

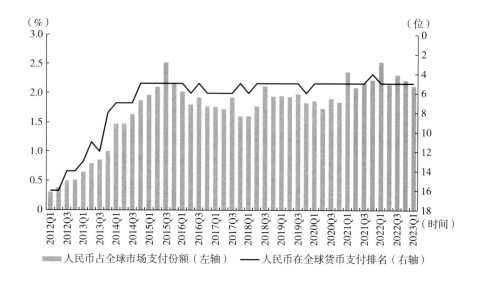

图 2-7 2012~2023 年人民币全球支付份额变动情况

资料来源:SWIFT。

---

① 资料来源:中国人民银行发布的《2022 年人民币国际化报告》。

第二节 人民币周边跨境使用的历史进程

一、早期探索阶段（1949~1977 年）

中华人民共和国成立初期，以美国为首的西方资本主义国家对中国展开了孤立和封锁，中国对外经贸交流零散，人民币走出国门举步维艰。在这期间，为了便利国际贸易，减少西方国家货币动荡带来的货币贬值风险，1957年国务院出台政策允许携带 5 元人民币现钞出入境，并在 1968 年批准广州交易会对港澳地区试行使用人民币计价结算。相关统计显示，截至 1973 年，参与广州交易会使用人民币计价结算的国家和地区达 63 个，当年中国出口人民币计价结算成交额超 24 亿元。①

二、市场自发推动阶段（1978~1999 年）

人民币跨境使用源于民间自发，开始于边贸结算。20 世纪 90 年代初，边境经贸合作的快速发展，使人民币突破边境跨境流动起来，且流动规模与范围逐渐扩大。

20 世纪 80 年代，国家沿海开放战略使沿海地区成为我国综合经济实力增长最快的地区，同时也为其他地区累积了丰富的对外开放经验。党的十一届三中全会召开后，我国在推动沿海开放的同时推进沿边开放，出台一系列

---

① 资料来源：试用人民币计价结算，实现出口收汇保值（1968 年–1976 年）［EB/OL］. 中国银行，https：//www. boc. cn/aboutboc/ab7/200809/t20080926_6903. html.

政策促进边境省区与毗邻国家开展贸易及经济技术合作，提出完善和调整边贸政策，促进边境贸易规范化、法治化和现代化，中国与周边国家边境贸易逐步恢复。1984 年经国务院批准，原对外经济贸易部首次发布了全国性的边境贸易政策文件《边境小额贸易暂行管理办法》，对边境小额贸易和边民互市贸易的目的、原则、限额及税收等作出相关规定，促进了边境贸易规范稳定发展。20 世纪 90 年代，中国陆续与周边国家恢复外交关系。国家开始正式推进实施沿边开放战略，在保持沿海地区经济增长的同时，利用沿边地区的独特地缘优势，推动沿边地区开放开发。1992 年国务院发布《关于进一步积极发展与原苏联各国经贸关系的通知》，对与原苏联东欧国家和朝鲜、蒙古、越南、老挝等国家开展的贸易给予特殊优惠政策，放开商品进出口，取消配额和许可证管理，对进口商品关税和增值税减半征收。国家批准了包括广西东兴、云南瑞丽、内蒙古满洲里在内的 13 个沿边开放城市和 241 个一类开放口岸，对应成立了 14 个边境经济合作区，开放了所有内陆省区的省会城市。由此，我国对外开放形成了沿海地区—沿长江流域—沿大陆边境—沿内陆省会城市的全方位、多层次地域格局。

云南、广西、黑龙江、内蒙古等沿边省区发挥沿边区位优势，积极利用国家边贸政策，自发地与周边国家开展了边境小额贸易、边民互市、跨境旅游等灵活多样的贸易往来。其间，由于受到人民币币值稳定和中国大国经济实力等有利因素的影响，人民币成为边贸计价与结算货币，边贸人民币结算比重持续保持在 95% 以上，人民币成为在中国边境地区广为接受、普受欢迎的国际货币。云南、广西及黑龙江等沿边省区也成为人民币早期自发跨境流动与周边化的典型省区。

三、正式制度安排推动阶段（2000 年至今）

这一时期中国顺应国际经济形势发展变化，通过内外政策调控适时推动人民币周边跨境使用，提升人民币在亚洲区域乃至全球的影响力。

第一，积极参与区域危机处置，并推动构建区域经济金融合作机制，在履行大国责任的同时，顺势而为提升人民币区域影响力。1997 年，一场源于货币危机的金融危机席卷亚洲，尤其给东亚和东南亚地区带来巨大冲击，多个亚洲经济体金融市场几近崩溃。中国率先表明立场，作出了人民币不贬值承诺，为稳定国际投资者对亚洲经济体信心，减少金融危机对各经济体带来的负面影响发挥了关键作用。流动性短缺是此次危机波及广深的主要原因，加强地区经济和财金合作成为当务之急。1999 年 4 月，东盟 10 国与中日韩首次"10+3"特别财长会议宣示了"10+3"财金合作机制初步形成。2000 年 5 月，东盟 10 国与中日韩三国通过了以解决区域内短期流动性困难，建立双边货币互换网络为核心的《清迈倡议》，人民币有效弥补了现有国际金融安排不足的缺陷，推动了人民币周边跨境使用迈入新阶段。截至 2008 年 4 月底，中国已与日本、韩国、泰国、马来西亚、印度尼西亚和菲律宾六国签署总规模达 235 亿美元的双边货币互换协议，占"10+3"各国签署双边货币互换协议总规模的 27.98%。①

在这期间中国与周边国家签署了多项边境贸易协定（见表 2-2），经济往来由商品贸易向经济技术合作方向拓展。中国积极参与 1992 年亚洲开发银行发起的大湄公河次区域经济合作（GMS）机制，以及 1993 年由泰国政府提出的"黄金四角计划"。2002 年中国与东盟签署《中国—东盟全面经济合作框架协议》，2005 年签订《中国—东盟全面经济合作框架协议货物贸易协议》，2007 年签订中国—东盟自由贸易区《服务贸易协议》。

---

① 资料来源：东盟+中日韩（10+3）特别财长会议 22 日在泰国举行 [EB/OL]. 中国政府网，https://www.gov.cn/govweb/gzdt/2009-02/24/content_1241525.htm，2009-02-24.

表 2-2　中国与周边国家签署的相关边境贸易协定

生效时间	签署对象国	文件名称	主要内容
2003 年 6 月 23 日	印度	《中华人民共和国政府和印度共和国政府关于扩大边境贸易的备忘录》	在《中华人民共和国政府和印度共和国政府关于恢复边境贸易的备忘录》已有条款基础上，增加中国西藏自治区的仁青岗和印度锡金邦的昌谷作为边境贸易市场
2003 年 12 月 3 日	尼泊尔	《中尼关于在西藏和尼泊尔四对贸易点以外增加两对边境贸易点的换文》	确定了中国西藏自治区的聂拉木、吉隆、普兰、日屋、里兹和尼泊尔的科达里、热索瓦、雅黎、乌兰冲古拉、基马塘、聂冲作为边境贸易点
2016 年 9 月 12 日	越南	《中华人民共和国政府和越南社会主义共和国政府边境贸易协定》	中国云南、广西两省区和越南广宁、谅山、高平、河江、老街、莱州、奠边七省在陆地边境口岸和边民互市进行贸易活动时，允许使用人民币、越南盾或可自由兑换货币进行结算，也可以通过银行、现金或易货等方式进行结算

资料来源：根据中华人民共和国条约数据库整理得到。

　　第二，顺应全球经济金融局势变化，积极调整国家外汇管理政策和对外贸易与金融开放政策，推动人民币国际化进程。2003 年 3 月，国家外汇管理局印发《关于境内机构对外贸易中以人民币作为计价货币有关问题的通知》，明确境内机构签订进出口合同时，境内机构可采用人民币作为计价货币。同年 10 月，《边境贸易外汇管理办法》施行，提出当边贸企业或个人与境外贸易机构进行边境贸易时，允许使用可自由兑换货币、毗邻国家货币或人民币计价结算。2004 年 11 月发布《关于调整国家货币出入境限额》，决定自 2005 年 1 月 1 日起提高公民携带人民币出入境限额至 20000 元。2005 年 7 月，中国取消了盯住美元的汇率政策，开始实行以市场供求为基础、参考"一篮子"货币进行调节、有管理的浮动汇率制度。

如果说上述政策改革为人民币国际化做出了必要的制度准备，那么2008年全球金融危机爆发则为人民币国际化正式启动创造了历史性机遇。2009年4月，中国顺应国际货币体系改革需要，启动跨境人民币结算试点。国务院常务会议决定在上海市和广东省的广州、深圳、珠海、东莞共5个城市开展跨境贸易人民币结算试点，并在同年7月由中国人民银行、财政部、商务部、海关总署、国家税务总局、银监会六部委印发了《跨境贸易人民币结算试点管理办法》，宣告人民币跨境贸易结算正式启动。随后，六部委分别在2010年6月和2011年8月发布《关于扩大跨境贸易人民币结算试点有关问题的通知》以及《关于扩大跨境贸易人民币结算地区的通知》，将境内外跨境贸易人民币结算范围由周边局部试点扩展到全球区域。

2010年8月，中国人民银行发布《关于境外人民币清算行等三类机构运用人民币投资银行间债券市场试点有关事宜的通知》，允许境外人民币清算行等三类机构通过央行货币合作、跨境贸易和跨境投资人民币业务的方式，将取得的人民币投资回流银行间债券市场。2010年9月，中国人民银行印发《境外机构人民币银行结算账户管理办法》，允许境外机构在中国境内银行业金融机构开立和使用人民币银行结算账户。2011年10月，中国人民银行发布《外商直接投资人民币结算业务管理办法》，允许境外投资者向银行业金融机构申请办理直接投资人民币结算业务。2012年2月和6月，中国人民银行等六部委先后印发《关于出口货物贸易人民币结算企业管理有关问题的通知》以及《关于出口货物贸易人民币结算企业重点监管名单的函》，同意具有进出口经营资质的企业开展出口货物贸易人民币结算业务，以及批准境内所有从事货物贸易、服务贸易及其他经常项目下业务的企业均可选择以人民币进行结算。随后，中国为深化跨境贸易人民币结算、多元化创新人民币贸易投融资服务出台了一系列支持政策，具体如表2-3所示。

表 2-3 2008~2022 年推动跨境人民币结算的相关政策

发布日期	出台部门	发文字号	文件名称
2009 年 7 月 1 日	中国人民银行、财政部、商务部、海关总署、国家税务总局、银监会	公告〔2009〕第 10 号	《跨境贸易人民币结算试点管理办法》
2009 年 7 月 3 日	中国人民银行	银发〔2009〕212 号	《跨境贸易人民币结算试点管理办法实施细则》
2010 年 6 月 22 日	中国人民银行、财政部、商务部、海关总署、国家税务总局、银监会	银发〔2010〕186 号	《关于扩大跨境贸易人民币结算试点有关问题的通知》
2010 年 8 月 16 日	中国人民银行	银发〔2010〕217 号	《关于境外人民币清算行等三类机构运用人民币投资银行间债券市场试点有关事宜的通知》
2010 年 9 月 2 日	中国人民银行	银发〔2010〕249 号	《境外机构人民币银行结算账户管理办法》
2011 年 8 月 23 日	中国人民银行、财政部、商务部、海关总署、税务总局、银监会	银发〔2011〕203 号	《关于扩大跨境贸易人民币结算地区的通知》
2011 年 10 月 13 日	中国人民银行	公告〔2011〕第 23 号	《外商直接投资人民币结算业务管理办法》
2012 年 2 月 3 日	中国人民银行、财政部、商务部、海关总署、国家税务总局、银监会	银发〔2012〕23 号	《关于出口货物贸易人民币结算企业管理有关问题的通知》
2012 年 6 月 12 日	中国人民银行、财政部、商务部、海关总署、国家税务总局、银监会	银办函〔2012〕381 号	《关于出口货物贸易人民币结算企业重点监管名单的函》
2012 年 7 月 26 日	中国人民银行	银发〔2012〕183 号	《关于境外机构人民币银行结算账户开立和使用有关问题的通知》
2013 年 7 月 5 日	中国人民银行	银发〔2013〕168 号	《关于简化跨境人民币业务流程和完善有关政策的通知》
2014 年 11 月 1 日	中国人民银行	银发〔2014〕324 号	《关于跨国企业集团开展跨境人民币资金集中运营业务有关事宜的通知》

发布日期	出台部门	发文字号	文件名称
2015 年 5 月 28 日	中国人民银行	银发〔2015〕170 号	《关于境外人民币业务清算行、境外参加银行开展银行间债券市场债券回购交易的通知》
2015 年 11 月 2 日	中国人民银行	银办发〔2015〕227 号	《关于境外中央银行类机构在境内银行业金融机构开立人民币银行结算账户有关事项的通知》
2016 年 11 月 26 日	中国人民银行	银发〔2016〕306 号	《中国人民银行关于进一步明确境内企业人民币境外放款业务有关事项的通知》
2017 年 5 月 23 日	中国人民银行	银发〔2017〕126 号	《关于印发〈人民币跨境收付信息管理系统管理办法〉的通知》
2020 年 12 月 31 日	中国人民银行、国家发展改革委、商务部、国务院国资委、银保监、国家外汇局	银发〔2020〕330 号	《关于进一步优化跨境人民币政策支持稳外贸稳外资的通知》
2021 年 12 月 23 日	中国人民银行、国家外汇局	银发〔2021〕329 号	《关于支持新型离岸国际贸易发展有关问题的通知》
2022 年 1 月 29 日	中国人民银行、国家外汇局	银发〔2022〕27 号	《关于银行业金融机构境外贷款业务有关事宜的通知》
2022 年 6 月 16 日	中国人民银行	银发〔2022〕139 号	《关于支持外贸新业态跨境人民币结算的通知》

资料来源：根据中国人民银行官网、中国政府网整理得到。

综上所述，自 21 世纪初期以来，在中国内外经济政策推动作用下，人民币国际化程度有效提升，其中，人民币在周边国家跨境使用和区域影响力提升效果尤为显著。如表 2-4 所示，截至 2022 年底，中国与周边国家累计签署了 30 项双边本币互换协议，互换规模共计 1.39 万亿元，占中国与全球双边本币互换规模的 38.02%。中国授权 10 个周边国家建立人民币清算行（占中国境外清算行比重超过 35%），为境外人民币结算业务提供便利。中国已批准总额度达 3200 亿元支持周边国家合格境外机构投资者投资国内市场，这为完善境外人民币跨境回流机制提供了重要的经验探索。

表2-4 2008~2022年中国与周边国家人民币跨境使用进展

双边本币互换	人民币清算安排	RQFII
韩国（2009/2011/2014/2020） 马来西亚（2009/2012/2015/2018） 印度尼西亚（2009/2013/2018/2022） 新加坡（2010/2013/2016/2022） 蒙古（2011/2012/2014/2017） 哈萨克斯坦（2011/2014） 泰国（2011/2014/2021） 巴基斯坦（2011/2014） 俄罗斯（2014） 塔吉克斯坦（2015） 老挝（2020）	新加坡（2013） 韩国（2014） 泰国（2015） 马来西亚（2015） 俄罗斯（2016） 日本（2018） 菲律宾（2021） 哈萨克斯坦（2022） 老挝（2022） 巴基斯坦（2022）	新加坡（2013） 韩国（2014） 马来西亚（2015） 泰国（2015）

注：将中国海陆邻国和东盟成员国作为中国周边国家，包括俄罗斯、蒙古、朝鲜、韩国、日本、越南、老挝、柬埔寨、泰国、缅甸、马来西亚、印度尼西亚、文莱、柬埔寨、新加坡、尼泊尔、不丹、巴基斯坦、印度、阿富汗、塔吉克斯坦、吉尔吉斯斯坦、哈萨克斯坦共计23个国家。括号内为双边事项签署年或批准年。

资料来源：根据中国人民银行官网整理得到。

第三节 人民币在中国西南周边国家跨境使用现状

20世纪90年代初以来，云南积极发挥毗邻多国的沿边省区优势，与老挝、缅甸、越南等周边国家在跨境人民币结算、双边货币直接报价与交易、货币跨境调运等方面进行了积极的合作与探索，开创了"河口模式"和"云南模式"等人民币跨境使用的可复制经验，成为人民币周边跨境使用的先行典型省区。

一、人民币在中国西南周边国家跨境使用的总体状况

人民币在中国西南周边国家的跨境使用以跨境贸易与跨境投资计价结算货币为主，储备货币功能发挥不足。

（一）人民币作为跨境贸易计价与结算货币的使用情况

1. 中国与老挝、缅甸、越南、柬埔寨贸易关系紧密

首先，周边国家对中国的出口不断增加。如图 2-8 所示，2000 年以来，老挝、缅甸、越南和柬埔寨对中国的出口不断增加，其中缅甸对中国的出口规模增长最快，2015 年这一出口规模接近 50 亿美元；越南对中国的出口额最多，远远超出其他三国对中国的出口规模，2020 年这一规模已达到 457 亿美元。综合来看，中国是缅甸的第一大出口国，是老挝的第二大出口国，是越南的第二大出口国，是柬埔寨的第六大出口国。

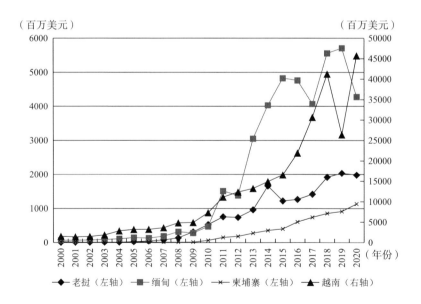

图 2-8　2000~2020 年老挝、缅甸、越南、柬埔寨对中国的出口变化趋势

资料来源：亚洲开发银行。

其次，中国对周边国家出口也呈现增加趋势。如图 2-9 所示，中国对老挝、缅甸、越南和柬埔寨的出口规模亦不断增加，总体呈上升趋势。其中，对越南和缅甸的出口上升最快，越南从中国的进口规模在 2015 年已经超过 500 亿美元，柬埔寨从中国的进口规模较小，虽然近年来规模有所上升，但都未超过 10 亿美元。中国已经成为缅甸、越南、柬埔寨的第一大进口国，老挝的第二大进口国。①

2. 中国云南与老挝、缅甸、越南、柬埔寨的贸易情况

自 2009 年跨境贸易人民币结算试点政策实施以来，中国云南与西南周边国家进出口总额不断飙升，按照进出口规模大小排序依次为缅甸、越南、老挝、柬埔寨。

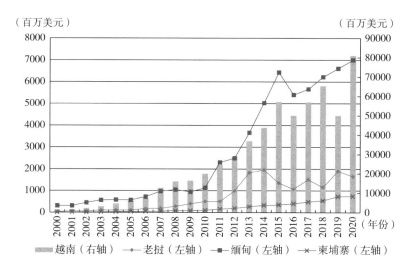

图 2-9 2000~2020 年老挝、缅甸、越南、柬埔寨对中国的进口变化趋势

资料来源：亚洲开发银行。

首先，从出口来看，如图 2-10 所示，2009~2021 年云南对老挝、缅甸、越南及柬埔寨的出口总额呈先升后降再升的态势，同时，云南对四国的出口

① 老挝的第一大进出口国是泰国。

总额占云南对东盟国家出口总额的67%。对周边国家出口是云南出口的最重要组成部分，这体现了云南与这些国家毗邻的地理特征。2009年启动跨境贸易人民币结算试点以来，云南对老挝、缅甸、越南的出口总额不断飙升，其中云南对缅甸、越南的出口规模较大，而对老挝的出口规模较小。云南对老挝、缅甸、越南的出口总额呈递增趋势，从2005年的7.03亿美元增加到2021年的68.78亿美元，增加了8.8倍；云南对老挝、缅甸、越南的出口总额占云南对东盟出口总额的53%以上，2005~2021年，除2006年占比56.7%、2015年占比53%外，云南对三国的出口总额占云南对东盟出口总额均在60%以上。

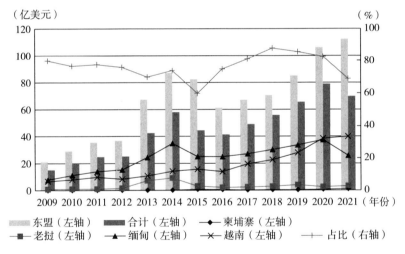

图2-10　2009~2021年云南省对老挝、缅甸、越南、柬埔寨四国出口情况

资料来源：历年《云南统计年鉴》。

云南对老挝的出口呈波动上升趋势，从2005年的0.28亿美元增加到2021年的3.18亿美元，增加了10倍，其中，2014年云南对老挝的出口总额最大，达到9.16亿美元；云南对缅甸的出口呈波动上升趋势，从2005年的4.10亿美元增加到2021年的25.73亿美元，增加了5.3倍，其中，2020年云南对缅甸的出口总额最大，达到37.38亿美元；云南对越南的出口增加趋

势最明显，从 2005 年的 2.64 亿美元增加到 2021 年的 39.87 亿美元，增加了 14 倍，其中，2021 年云南对越南的出口总额最大，达到 39.87 亿美元。2005～2021 年云南对缅甸的出口总额最大，越南、老挝次之，2005～2021 年云南对缅甸的出口总额是对老挝出口总额的 7.8 倍、是对越南出口总额的 1.3 倍，但是 2021 年云南对越南的出口总额大于对缅甸、老挝的出口。

其次，从进口来看，如图 2-11 所示，云南从老挝、缅甸、越南三国的进口额保持稳中有升态势，所占比重增长显著。2014 年以前，云南从老挝、缅甸、越南三国的进口总额约占云南从东盟进口总额的 38%，至 2014 年上升到 56%，之后云南从三国的进口额几乎占到云南从整个东盟国家进口总额的 85%，尤其是 2017 年这一占比已经上升到了约 97%，这充分说明云南主要是从与其毗邻的周边国家进口货物。

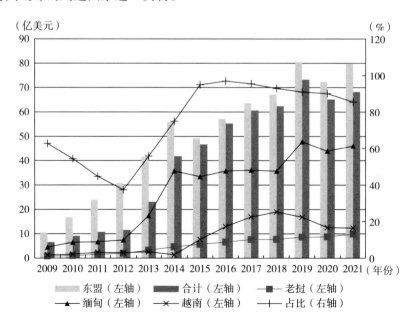

图 2-11 2009～2021 年云南省对老挝、缅甸、越南三国进口情况

注：柬埔寨数据缺失。

资料来源：历年《云南统计年鉴》。

云南对老挝的进口额呈逐年上升趋势，从 2005 年的 0.13 亿美元增加到 2021 年的 9.85 亿美元，增加了 75 倍，其中，2021 年云南对老挝的进口总额达到最大，达到 9.85 亿美元。云南对缅甸的进口额呈波动上升趋势，从 2005 年的 2.2 亿美元增加到 2021 年的 46.04 亿美元，增加了 20 倍，其中，2019 年云南对缅甸的进口总额最大，达到 47.81 亿美元。

云南对缅甸的进口规模较大，而对越南、老挝的进口规模较小。云南对老挝、缅甸、越南的进口总额呈逐年递增趋势，从 2005 年的 2.89 亿美元增加到 2021 年的 68.26 亿美元，增加了 22.6 倍；2005～2021 年云南对老挝、缅甸、越南的进口总额占云南对东盟进口总额的 37% 以上，除了 2011 年占比 44.7%、2012 年占比 37.4% 之外，云南对老挝、缅甸、越南的进口总额占云南对东盟进口总额均在 50% 以上，特别是 2015～2020 年，云南对老挝、缅甸、越南的进口总额占云南对东盟进口总额保持在 90% 以上，2021 年云南对老挝、缅甸、越南的进口总额占云南对东盟进口总额为 85.4%，可见，近年来云南对老挝、缅甸、越南的进口不断增加，2015～2019 年以后云南对老挝、缅甸、越南的进口总额超过了出口总额。

云南对越南的进口额呈波动变化趋势，从 2005 年的 0.54 亿美元增加到 2021 年的 12.3 亿美元，增加了 22 倍，其中，2018 年云南对越南的进口总额最大，为 18.99 亿美元。2005～2021 年云南对缅甸的进口总额最大，越南、老挝次之；2005～2021 年云南对缅甸的进口总额是对老挝进口总额的 5.3 倍、是对越南进口总额的 3.2 倍。

综上所述，无论从进口还是出口来看，中国云南与老挝、缅甸、越南及柬埔寨的经贸关系十分紧密，是其重要的贸易伙伴。这一紧密贸易关系在中国云南对老挝、缅甸、越南及柬埔寨的进出口关系中得到充分体现。云南对东盟国家的进出口以周边国家进出口为主，无论是进口还是出口，其占比均超过70%，进口比重甚至更高。中国云南与周边国家紧密经贸关系表明，老挝、缅甸、越南三国与云南省接壤，具备优先推进人民币国际化的经贸和地缘优势。2019年，云南与毗邻的缅甸、老挝、越南三国跨境人民币结算量分别为212.57亿元、21.36亿元、135.49亿元，同比增幅分别为5.23%、2.4%、5.64%。在同云南省发生结算的63个国家（地区）中，缅甸和越南的结算量分别排名第一和第二，占比分别为32.1%和20.45%。通过贸易渠道进一步提高人民币作为贸易计价与结算货币的份额，是推动人民币在中国西南周边国家使用的重要途径。

3. 跨境贸易人民币计价与结算的情况

跨境贸易计价结算通常是货币国际化的起点，贸易结算本身能够促进货币跨境流动，且贸易规模的提升以及同其他国家日趋紧密的贸易联系也能促使更多国家接受本国货币，从而更好地提升本币的国际地位。在中国西南周边国家，人民币作为贸易结算货币有了长足的发展，双边贸易支撑了人民币在周边国家的使用。自2009年国家推行跨境贸易人民币结算试点以来，人民币在作为贸易结算货币与区域锚定货币等领域都有了长足的进展。尤其是受到东亚及本区域价值链的影响，人民币得到了越来越多周边国家和亚洲国家的认可，人民币在亚洲地区出现了被周边国家锚定的态势。

云南作为中国最典型的沿边省区之一，跨境人民币计价与结算是人民币跨境使用的主渠道。2020年云南跨境贸易人民币结算量达662.4亿元，同比增长5.65%，占全国跨境贸易人民币结算的0.98%（见图2-12），主要是同越南、老挝、泰国货物贸易结算增多。人民币在全省本外币跨境结算中占比为38.54%，继续保持全省第二大跨境结算货币地位。

跨境人民币结算资金保持净流入态势，2020年云南省跨境收支总规模为293.46亿美元，同比下降6.32%。其中，跨境收入153.18亿美元，同比下降 14.03%；支出 140.28 亿美元，同比增长 3.84%。结算流入主要来自贸易出口收入、境外放款到期收回和企业跨境融资借入；结算流出主要是贸易进口支出和投资款汇出。由于周边国家金融基础设施不发达，双边正规结算渠道覆盖面较窄，部分结算通过非正规渠道进行，因此，实际结算金额要高于统计数据。

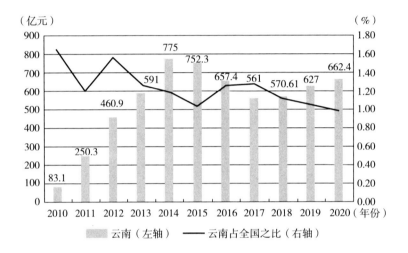

图 2-12　2010~2020 年云南跨境贸易人民币结算及与全国对比

资料来源：Wind 数据库。

（二）人民币作为跨境投资货币的使用情况

人民币国际化在人民币直接投资、人民币证券投资、离岸人民币市场建设及人民币海外债券发行等领域均取得了重要进展，这使人民币跨境流动的渠道得以拓宽。中国西南周边国家老挝、缅甸、越南由于经济金融体系落后和尚未放开人民币资本市场投资，没有人民币证券投资，也未通过离岸市场发行人民币债券筹集资金，人民币作为投资货币的跨境使用主要集中在直接投资领域。人民币跨境直接投资带动人民币在境外流通规模的扩大，从而提高人民币在境外接受度，促进人民币国际化水平的提高。近年来，中国与中国西南周边国家直接投资规模不断扩大，主要是周边基础设施项目人民币投融资增多，为人民币在周边国家流通使用创造了机会。2008~2021 年中国对老挝、缅甸、越南三国直接投资变化情况具体如表2-5 所示。

表 2-5　2008~2021 年中国对老挝、缅甸、越南直接投资变化情况

单位：百万美元

年份	老挝			缅甸			越南		
	ODI	FDI	差额	ODI	FDI	差额	ODI	FDI	差额
2008	87.0	6.7	80.3	232.5	3.3	229.2	119.8	2.1	117.8
2009	203.2	2.4	200.8	376.7	3.4	373.3	112.4	5.9	106.5
2010	313.6	9.5	304.1	875.6	3.5	872.1	305.1	2.0	303.1
2011	458.5	5.9	452.6	217.8	10.2	207.6	189.2	1.3	187.9
2012	808.8	2.0	806.8	749.0	3.8	745.1	349.4	3.2	346.3
2013	781.5	0.0	781.5	475.3	5.9	469.5	480.5	0.0	480.5
2014	1026.9	0.0	1026.9	343.1	5.9	337.3	332.9	0.1	332.8
2015	517.2	0.0	517.2	331.7	0.0	331.7	560.2	0.0	560.2
2016	327.6	0.0	327.6	287.7	0.0	287.7	1279.0	0.0	1279.0
2017	1220.0	10.8	1209.1	428.2	1.7	426.5	764.4	3.5	760.9
2018	1241.8	0.5	1241.3	−197.2	8.2	−205.5	1150.8	138.8	1012.0
2019	1149.1	0.0	1149.1	−41.9	2.2	−44.1	1648.5	17.2	1631.3
2020	1454.3	0.0	1454.3	250.8	0.0	250.8	1875.8	2.8	1873.0
2021	1282.3	0.0	1282.3	18.5	0.5	17.9	2207.6	6.0	2201.6

注：ODI 为中国对老挝、缅甸、越南的直接投资流量；FDI 为中国利用老挝、缅甸、越南直接投资流量。

资料来源：国家统计局。

1. 中国对老挝跨境人民币直接投资情况

在老挝最受欢迎的也是最大的外商投资领域是电力投资，1989～2019 年共吸引约 140 亿美元的投资；第二大外商投资领域是矿业，总投资为 75 亿美元；其他主要引资行业有服务业、农业、工业和手工业。老挝土壤肥沃，农业部门是其潜力巨大的吸引外资领域，此外，老挝水能、畜牧业和旅游资源也很丰富，具有非常高的开发价值。

中国是老挝第一大投资来源国。中国对老挝的直接投资呈现波动增加趋势，据统计，中国对老挝的直接投资从 2013 年的 78148 万美元增加到 2021 年的 128232 万美元，增加了 64%，其中，2017 年中国对老挝的直接投资增量最大，直接投资增幅达 272.4%，2020 年中国对老挝的直接投资达历史最高水平，为 145430 万美元，约是 2013 年的 1.9 倍。1989～2019 年中国对老挝投资项目总数为 6144 个，总投资额为 368 亿美元，其中，2019 年中国对老挝直接投资达 11.5 亿美元。近十年来两国战略伙伴关系日趋紧密，中资企业对老挝投资热情不断升温，中国对老挝直接投资呈现出以大型基础设施项目推动的显著特征，重要投资项目涉及经济合作区、铁路、电网、水电站、房地产和通信卫星等多个领域。万象赛色塔综合开发区建设项目是中国在老挝直接投资的标志性项目，2012 年 7 月中老两国政府签署《关于万象赛色塔综合开发区的协定》，总协议投资 3.6 亿美元，主要涉及能源化工、机械制造、农产品加工、仓储物流等行业。截至 2020 年 3 月末，该综合开发区已有涵盖中国、日本、老挝、泰国、新加坡、马来西亚、美国七个国家的 79 家中外企业入驻，入驻企业计划投资总额超过 10 亿美元，用地面积超过 2000 亩。中老磨憨—磨丁经济合作区建设是中国对老挝直接投资的又一个标志性项目，2015 年 8 月中老双方签署《中国老挝磨憨—磨丁经济合作区建设共同总体方案》，2016 年 3 月该合作区正式获得国务院批复同意设立，成为中国西南方向建设的第一个跨境经济合作区。2017 年 3 月，在老挝总理通伦访华期间，中老双方在北京签订了《中老磨憨—磨丁经济合作区总体规划》。据中国商务部统计，2019 年中国企业在老挝新签承包工程合同 136 份，合同额 21.55 亿美元，完成营业额52.07 亿美元，累计派出各类劳务人员 14930 人，中国对老挝以大型基础设施和开发区建设为主要载体的投资显著提升了老挝基础设施建设水平，尤其是中老铁路的开通运行更是结束了老挝没有铁路的历史，使其由一个典型的"陆锁国"变为"陆联国"。

2. 中国对缅甸跨境人民币直接投资情况

中国对缅甸的直接投资呈现波动减少趋势。据中国商务部统计，2013 年中国对缅甸直接投资达到历史最好水平，为 47533 万美元，之后便一路下滑，2018 年降幅最为明显，达 141.5%，2020 年有所恢复，增加到 25080 万美元，但 2021 年又降至 1846 万美元。截至 2021 年底，中国对缅甸直接投资存量为39.9 亿美元。

中资企业在缅甸投资主要集中在电力能源、矿业资源及纺织制衣等加工制造业领域，投资项目主要采用 BOT、PPP 或产品分成合同（PSC）的方式运营，主要项目包括中缅油气管道、达贡山镍矿、蒙育瓦铜矿、瑞丽江一级水电站、太平江一级水电站、小其培水电站、迪吉燃煤电站、仰光达吉达燃气电站、皎漂燃气电站、阿隆燃气电站、海螺水泥等。2021 年中国企业在缅甸新签承包工程合同 39 份，合同金额 9.7 亿美元，同比下降 82.0%，完成营业额 6.3 亿美元，同比下降 66.0%，派出各类劳务人员 707 人。2019～2021年中国在缅甸在建大型承包工程项目有中国港湾承建的仰光国际机场扩建项目、中工国际承建的仰光迪洛瓦船厂三期、中建八局承建的仰光翡翠湾房建项目一期、中建五局承建的仰光新天地项目及中土集团承建的仰光达拉大桥等。

3. 中国对越南跨境人民币直接投资情况

近十年来中国对越南的直接投资呈现增长趋势，由 2013 年的 4.81 亿美元增加到 2021 年的 22.08 亿美元，增加了 3.6 倍；2014 年中国对越南的直接投资有所减少，减少到了 33289 万美元，2015～2016 年中国对越南的直接投资增量最大，直接投资增幅达 128.3%；2021 年中国对越南的直接投资最大，当年中国企业在越南新签承包工程合同 434 份，合同金额 80.68 亿美元，同比增长 63.1%，完成营业额 47.16 亿美元，同比增长 61.0%。截至 2021 年底，中国对越南直接投资存量为 108.52 亿美元，投资项目 3325 个，协议投资金额 213.3 亿美元，分别占越南吸收外资项目总数和协议投资总额的 9.6% 和 5.2%，在 139 个对越南投资的国家和地区中居第七位。截至 2021 年底，中资企业在越南累计签订承包工程合同额 707.4 亿美元，完成营业额 485.1 亿美元，累计派出各类劳务人员 2391 人。[①] 中国对越南的直接投资主要集中在加工制造业、房地产和电力生产等领域。较大的投资项目包括铃中出口加工区、龙江工业园、深圳—海防经贸合作区、天虹海河工业区、赛轮（越南）有限公司、百隆东方、天虹集团、申州国际、立讯精密、歌尔科技、蓝思科技、越南光伏、永新一期火电厂等。

（三）人民币作为储备货币的使用情况

2008 年全球金融危机爆发后，世界各国出现了储备货币多元化的趋势，人民币成为除美元等国际货币之外的又一储备货币选项。但近年来人民币汇率波动和价值预期的不确定性影响了人民币作为国际储备货币的使用。东南亚国家中仅有马来西亚、泰国、柬埔寨、新加坡、菲律宾五国将人民币纳入外汇储备。在越南、老挝及缅甸的外汇储备资产中，美元资产占比 90% 以

---

① 资料来源：Wind 数据库。

上，其余货币如泰铢、欧元、日元和人民币等资产共占比约 10%。各国央行几乎没有持有人民币储备资产，只有边境地区商业银行和外贸银行少量持有人民币资产。缅甸央行 99% 的外汇储备是美元资产，人民币份额低至 1%。老挝央行的外汇储备份额中，人民币和其他货币占比不足 10%。人民币资产还未成为中国西南周边国家主要外汇储备资产。

究其原因，一是中国西南周边国家是传统的美元化国家，受使用美元惯性的影响，人民币仅能在边境地区使用，而内陆地区的使用较少。二是周边国家经济金融发展水平不足，与中国尚未正式签订相关货币互换协议（2020 年 1 月，老挝与中国签署双边本币合作协议），人民币难以进入对方国家的央行储备。三是周边国家金融基础设施薄弱，对人民币的需求仅限于边境地区，企业（中外资）在货币选择上偏向于美元、日元和欧元，对人民币的需求还不足。

此外，2020 年 5 月，老挝与中国签署货币互换协议，越南和缅甸尚未与中国签订货币互换协议，主要原因是货币互换的需求不强、双方央行沟通合作不足。鉴于此，人民币在周边国家作为储备货币还需要走很长的路，需要不断加强与周边国家的货币金融合作，带动人民币从结算货币向储备货币的渐进拓展。

二、人民币在中国西南周边国家跨境使用的国别状况

（一）人民币在老挝跨境使用现状

1. 政策支持情况

政策支持是人民币跨境使用的重要制度保障。长期以来，中国与老挝外交关系友好，经贸联系密切，各项合作全面深化。中国是老挝第二大贸易伙伴和第一大出口国，也是老挝最大投资来源国。老挝政府积极推动本地银行和金融机构接受和使用人民币，早在 2009 年，中国农业银行云南省分行首次

与老挝发展银行实现边贸人民币银行结算。2012 年 6 月，老挝中央银行正式对外宣布指定中国工商银行万象分行作为当地唯一的人民币清算行，代表老挝央行行使人民币清算职能。2020 年 1 月，中国人民银行与老挝中央银行签署双边本币合作协议，允许在两国已经放开的所有国际收支经常项下和资本项下交易中直接使用双方本币结算。同年 5 月，中国人民银行与老挝中央银行签署规模为 60 亿元人民币/7.6 万亿老挝基普的双边本币互换协议。2022 年 9 月，中国人民银行与老挝中央银行签署在老挝建立人民币清算安排的合作备忘。这一系列政策措施为人民币在老挝跨境使用提供了良好政策基础。

除此之外，老挝的金融环境在东盟国家中相对宽松，与缅甸、越南等国在经济模式、金融体系等方面又有相似之处，因此老挝提供了在邻国基于真实需求推进人民币国际化的前沿视角。

2. 结算规模

随着中国与老挝经贸与投资往来日益密切，人民币在两国经济往来中得到广泛应用。自中国开展跨境人民币业务以来，云南依托沿边区位优势，积极开展跨境金融合作，云南省金融机构扩大了人民币在老挝的跨境使用。从交易规模来看，2018 年云南省与老挝跨境人民币结算额为 20.83 亿元①，截至 2022 年 8 月末，云南省与老挝跨境人民币结算额累计 265.31 亿元人民币②，人民币结算额显著增长。

云南与老挝跨境人民币结算包括经常项下和资本项下。经常项下主要是双边贸易往来中的人民币结算，资本项下主要是云南省对老挝项目投资中的人民币结算。随着共建"一带一路"倡议持续推进，云南省金融机构强化做好金融服务工作，推动全省对老挝贸易和投资便利化，人民币结算量大幅增

---

① 资料来源：国家外汇管理局云南省分局，http：//www.safe.gov.cn/yunnan/。
② 资料来源：新华网，https：//baijiahao.baidu.com/。

长。2021 年 12 月，中老铁路正式开通运营，昆明至万象间每日开行跨境货物列车，万象至磨丁、昆明至磨憨间开行点对点动车组旅客列车，从此开辟了老挝"铁路运输新纪元"。据相关统计，2016 年老挝与中国之间的贸易总量为 120 万吨，2022 年仅通过中老铁路运输的跨境货运总量就达到 210 多万吨，贸易总量实现大幅增长。在中国与东盟通过铁路运输的货物中，经过中老铁路运输的货物比重跃升至 44.7%。2023 年 1~5 月，中老铁路进出口货运量达 175.6 万吨，同比增长 2 倍。[①]

在对外直接投资项目中，中方在老挝投资的水电、矿产和农林项目达百余个，这些项目多是采取直接投资加进口中国机械设备的模式，都伴随着对人民币的真实需求。但由于历史原因，多数项目仍选择美元计价结算，中资公司除承担投资风险外，还额外承担汇兑损益。中方在老挝的投资项目采用人民币计价结算有巨大的现实需求，不断完善人民币清算、结算系统及其他金融基础设施，将有助于促进人民币在老挝的跨境使用。

3. 地域分布特征

人民币在老挝跨境使用主要集中在中老边境地区及老挝北部地区。由北向南纵向深入老挝首都万象，人民币使用逐渐减少。主要原因在于：一是 20 世纪 80 年代末和 90 年代初期，老挝已经形成的美元、泰铢和基普同时流通的格局，老挝日常交易的货币占比如下：泰铢 26%、美元 26%、基普 21%、越南盾 16%、人民币 5%。在首都万象、巴色、沙湾拿吉及他曲等湄公河沿岸的各大城市，泰铢和美元享有同级别的流通性，而在北部和东部地区，美元比泰铢更受欢迎。二是中资企业大多集中在老挝北部地区，中老贸易人民币结算中的很大一部分是由中资企业带动。三是跨境旅游是人民币在老挝跨境使用的主要渠道之一，热门旅游城市人民币使用较多，如老挝北部省份琅

---

① 资料来源：Wind 数据库。

勃拉邦，而老挝中南部的中国人流量则较少。四是老挝南部与泰国接壤，两国语言文化相通，贸易往来频繁，促进了泰铢在老挝南部较为广泛地流通。近年来，在中老铁路建设等基础设施投资项目带动下，人民币在老挝中部的结算业务逐渐增多。

人民币在老挝的使用形式（现金或银行结算）也存在一定的地域差异。在中老边境地区，边民长期以来习惯直接使用人民币现金直接结算。2018 年以来，云南边境地区商业银行依托中国（云南）国际贸易"单一窗口"边民互市系统，联合边民互市服务中心平台，创新"一单一证"管理形式，有效提高了银行结算可得性和便利性，降低了边民跨境汇划资金成本，成功引导边民互市贸易结算进入银行体系。2020 年上线实施"互联网+边民互市贸易"监管模式，上线"边互通"手机 App，显著改变了边民长期以来的现金交易习惯。在非边境地区，中资企业或老资企业则通过境内银行渠道进行结算，选择人民币作为结算货币的主要是中资企业。中资企业多数选择中资金融机构（中国工商银行万象分行、中国银行万象分行）和合资金融机构（老中银行）开立人民币结算账户。老资企业则可以在中资金融机构、老资（合资）金融机构开设人民币结算账户。此外，一些城市的商店、酒店可以使用银联、微信和支付宝结算。

4. 老挝金融机构人民币业务开展情况

人民币正成为老挝金融系统中交易增长较快的外国货币。过去在老挝境内，老资商业银行没有居民人民币存款账户，只有少数企业开立人民币存款账户，且人民币存款极低，美元是主要的存款货币和业务货币，贷款币种也仅限于基普。近年来，随着中老两国经贸往来日益频繁，人民币在老挝金融系统中的供给和需求均有所增加，2018 年老挝银行系统人民币存款已占全部存款总量的 30% 以上。人民币贷款、拆借业务也从无到有，并呈加速发展之势。

在老挝的中资商业银行可开立居民和企业的人民币存款账户，贷款货币则主要是美元和少量人民币、基普。如中国银行万象分行，存款货币结构为美元占比60%，人民币占比20%，其余（包括泰铢、欧元）占比20%。一般贷款对象为具有中资背景且在老挝投资的客户。贷款货币结构为美元（70%）、人民币（20%）、基普（10%）。外汇交易中美元、泰铢、基普、人民币均实现交易。

总的来说，人民币在老挝的使用主要由中资企业和跨境旅游带动。企业选择的计价货币依次为美元、基普、人民币、泰铢。人民币占比高于泰铢，主要是由于中老边境地区大量使用人民币以及北部地区有较多中资企业。老挝本地居民销售商品、提供住宿等可接受使用人民币，销售的商品大多以基普计价，少数使用美元、泰铢计价。华人商店也接受人民币，商品标价则以基普为主。

（二）人民币在缅甸跨境使用现状

1. 政策支持情况

缅甸一直对外币十分排斥，包括美元。在国内交易上，缅甸官方规定不可以使用外币，民众囤积的货币以美元为主。

缅甸积极参与共建"一带一路"，是首批加入亚洲基础设施投资银行的国家之一。近年来，为促进国际支付、结算和边境贸易，缅甸银行出台了多项人民币在缅甸跨境使用的支持政策。2019年1月，缅甸央行宣布增加人民币为官方结算货币，获外汇授权的银行可以开立人民币账户，并以人民币结算交易。银行间也可开设人民币账户，但仍禁止以人民币开立个人账户或注册法人实体。2021年6月，缅甸银行开始受理个别企业的人民币开户申请，采用"一户一批"制，需要开立人民币账户的客户需要和主办银行一起向缅甸银行提交开户申请，在缅甸央行审批同意的前提下，银行可以为相关客户开立人民币账户。2021 年 10 月，缅甸央行宣布人民币成为缅甸的"可合法兑换"货币，允许境内持外币结算牌照、兑换牌照的银行和非银行货币兑换机构兑换人民币。2021 年 12 月 14 日，缅甸央行正式推出中缅人民币边贸结算试点机制，中缅边贸可以使用人民币直接结算，允许从事边境贸易的个人和公司在试点指定银行开立人民币账户，并采用清算行模式为缅甸边贸客商提供人民币结算服务。

2. 结算规模

近年来，云南持续大力推动中缅跨境（边境）经济合作区建设，出台了多项人民币跨境结算政策，推动人民币在缅甸跨境使用取得显著成效。2018 年，云南与缅甸人民币结算额为 201.46 亿元（同期越南为 127.41 亿元，老挝为 20.83 亿元）。[①] 2020 年云南省与缅甸跨境人民币结算 182.05 亿元，其中货物贸易结算 155.65 亿元。[②] 截至 2022 年 8 月，云南省与缅甸跨境人民币结算累计 1902.93 亿元，人民币结算额扩大超过 10 倍。

人民币在缅甸的跨境结算大部分依托于中缅边境贸易。缅甸一直是云南第一大贸易伙伴，是云南第一大进口来源国和第一大出口市场，滇缅经贸合作具有独特区位优势和坚实基础。2022 年云南与缅甸的进出口总额为 494.87 亿元，约占中国与缅甸进出口总额的 1/3。[③] 对外投资方面，截至 2022 年 12 月，云南在缅甸共设立非金融类对外直接投资企业 190 家，成为推动人民币在缅甸使用的重要载体。

3. 地域分布特征

与老挝的情况相似，人民币在缅甸的使用同样也呈现在北部边境地区使

---

① 资料来源：国家外汇管理局云南省分局，http://www.safe.gov.cn/yunnan/2019/0508/596.html。

② 资料来源：云南省商务厅，https://swt.yn.gov.cn/articles/32755。

③ 资料来源：中国海关统计数据在线查询平台，http://stats.customs.gov.cn/。

用较多，在中部、南部内陆地区使用较少的格局。缅甸官方于 2019 年初将人民币加入国际结算货币之列。中缅边境贸易基本使用人民币进行结算，占比达 95%以上。两国边贸人民币结算除了小额现金结算外，其余大额结算则通过在中国境内（瑞丽）开立人民币的非居民结算账户（NRA）和在个别缅资金融机构（如缅甸经济银行）开立人民币账户进行结算。在中国境内银行开立的个人账户和企业账户可以方便地采用人民币结算。在缅甸中南部地区，则很少采用人民币结算，在缅甸的中资金融机构（如中国工商银行仰光分行）也不能进行人民币结算。在中国境内银行开设有个人账户和企业账户的缅甸客户可以方便地采用人民币结算。但是，在缅甸的非边境地区（中南部地区），很少采用人民币结算。

位于缅甸中南部的内陆省份曼德勒的商店、饭店及酒店（有银联标识），可接受额度小的人民币现金，但商品标价则用缅币和美元。位于缅甸中部的内比都、仰光的商店，则完全使用缅币、美元计价，较少接受和使用人民币。缅甸的中资企业和缅资企业开展国际贸易时均采用美元计价，少数与中国企业发生业务往来的企业虽以人民币计价，但最终仍以美元进行结算和划转。这主要是因为缅甸对外汇管制较严、汇兑渠道复杂以及美元使用惯性所致。

4. 缅甸金融机构人民币业务开展情况

长期以来，缅甸民间的人民币交易和结算主要通过现钞交易等方式进行。缅甸只有边贸地区有少量人民币存款，其他地区均无人民币存款，也没有人民币的外汇交易和人民币贷款。

2011 年，缅甸政府首次批准七家外资银行进入，其中中国工商银行在缅甸设立了代表处。十余年来，中国与缅甸一直保持密切经贸往来，中国也是缅甸最大的投资来源国，但在双边的贸易和投资支付结算中，人民币却一直未能发挥重要作用。2019 年 1 月，缅甸中央银行将人民币纳入获准进行国际结算与直接兑换的外币范围，中国工商银行仰光分行根据当时的监管规定设计并推出"中缅通"人民币服务品牌，在社会上引起强烈反响，该行也成为缅甸首家推出"一揽子"人民币产品服务的商业银行。同时，中国工商银行仰光分行积极为缅甸当地银行和外资银行开立人民币清算账户，为日后人民币在缅清算做好准备。截至 2022 年 6 月，已有八家金融机构开立人民币清算账户，这批商业银行是缅甸最大的商业银行，银行服务覆盖全缅 75% 的公司和个人客户。2022 年 6 月，中国工商银行仰光分行发挥金融桥梁作用迅速行动，与缅甸银行和重点中资企业客户保持密切联系，积极争取监管支持，成功为重点中资企业客户开立人民币账户，成为缅甸第一家为企业开立人民币结算账户的商业银行，此后陆续获准为 34 家企业开立了人民币账户。①

（三）人民币在越南跨境使用现状

1. 政策支持情况

中国与越南之间的边境贸易由来已久，为促进边贸便利化，早在 1993 年，中国人民银行与越南国家银行就签署了货币结算与合作的协定。在此框架下，1996 年 12 月，中国农业银行广西分行开通人民币与越南盾两种非自由兑换货币直接结算。2000 年 5 月，东盟 10 个成员国以及中日韩（10+3）财长在泰国清迈共同签署了建立区域性货币互换网络的协议，即《清迈倡议》。在此框架下，2003 年中越两国中央银行签署边境贸易双边本币结算协定。2004 年，中国正式批准云南省与缅甸、老挝和越南的边境小额贸易用人民币结算并享受退税政策，同年 11 月，中越边境的中国农业银行河口县支行率先开办人民币与越南盾的直接兑换业务，有效促进了滇越边境贸易发展，云南省边贸结算中 95% 以上通过人民币结算。2018 年 8 月，越南国家银行宣

① 资料来源：十年耕耘 中国工商银行在缅甸推动人民币国际化成果初现［EB/OL］. 环球网融媒联播，https://baijiahao.baidu.com/s?id=1736310791718370546&wfr=spider&for=pc，2022-06-22.

布自 2018 年 10 月 12 日起可在越中边境地区使用人民币结算，相关货物或服务结算可采用越南盾或人民币进行支付，支付方式可为现金或者银行转账，此政策只在谅山、广宁、河江、莱州、老街、高平和奠边与中国接壤的越南七省内适用。2018 年 10 月，越南国家银行正式推行《越南—中国边境贸易外汇管理指引》，其中的关键条款为：允许非边境地区银行授权边境地区银行代理其边贸人民币结算。该政策促进了越南的跨境人民币结算由边境地区银行向内陆银行拓展。

2. 结算规模和地域分布情况

中越双边贸易源远流长，2008 年中国已成为越南第一大出口国，同时也是越南第三大进口国。但中越贸易 99% 以美元结算，人民币结算比重不足 1%，仅边境商人或边民在中越边境货物买卖中使用人民币结算，而一般的大额贸易则使用美元或其他货币结算。这与越南业已形成的货币流通格局直接相关，自 20 世纪 60 年代以来，越南逐渐形成"黄金—美元—越南盾"三者并存的货币流通格局，在涉及资产购置或者金额较大的交易时，通常采用黄金和美元进行结算。一般日用品及食品采购等生活开支则主要使用越南盾。2018 年 10 月，中越边境的越南七个省份可以使用人民币进行贸易结算，这一政策较好促进了中越边贸发展。2018 年云南省与越南人民币结算额为 127.41 亿元，同比增长 16.03%①，人民币已成为滇越边贸双方自发选择的主要结算货币，但是根据越南的官方政策，人民币在越南的使用仍主要集中于与中国相邻的边境地区（中越边境 20 千米范围内）或口岸经济区。

3. 越南金融机构人民币业务开展情况

由于人民币在越南只允许用于贸易结算，越南本国企业和个人可在经批

---

① 资料来源：国家外汇管理局云南省分局，http：//www.safe.gov.cn/yunnan/2019/0508/596.html。

准的地区开立人民币账户，账户仅可现汇，不能存取现钞，企业和居民在金融机构尚不能办理人民币贷款和投资等人民币业务。越南对本国银行在中国开立的离岸账户控制也较严，越南银行机构将持有的人民币资金存放在中国境内有额度限制，超过额度则必须兑换成美元汇至越南境内。

越南大型商业银行越南工商银行已与中国边境几乎所有银行签署了边贸结算业务合作协议，其银行体系在芒街、谅山、老街、河江及高平设有边贸结算服务网点，早在2004年即与中资银行开展了边贸结算业务。但根据越南财经网越南金融调查显示，与中国进出口业务较大的越南商业银行几乎没有人民币储备以应对跨境支付的一系列问题，与其他主要货币如美元、日元、欧元及英镑相比，人民币在越南信贷系统中的份额非常低，人民币甚至没有出现在越南国家银行外币储备的统计表中。①

综上所述，人民币在老挝、缅甸及越南的跨境使用边境多、内陆少。边境地区边贸往来计价与结算人民币占比较高，但相较美元等传统外币在整体货币流通中的占比依然有限，越深入三国腹地人民币的使用频率越低，内陆腹地的人民币使用主要由跨境旅游、中资企业投资兴业带动。国别上以老挝的人民币使用最为广泛，这主要由于人民币在老挝腹地可以合规使用，加之中资企业在老挝分布较广，与中国境内联系紧密，相应的人民币计价与结算覆盖面广，比如中老铁路商贸运输合同即以人民币签署。但在缅甸、越南内陆地区，尽管由于受到跨境旅游、中资企业进入等因素带动，少部分地区有人民币计价，并用微信和支付宝支付，但结算渠道受限，范围较窄，且人民币回流渠道也很有限。

---

① 资料来源：中越边境人民币结算，真有那么乐观？[EB/OL]. 知乎，https：//zhuanlan.zhi-hu.com/p/44311800，2018-09-11.

第三章
人民币在中国西南周边国家跨境使用的影响因素

第一节 影响货币跨境使用的主要因素

从理论上来说，影响货币跨境使用的主要因素有经济规模、贸易规模、币值信心、金融市场深度和流动性、交易习惯以及减少货币国际化对本国经济的潜在冲击。这些因素可归结于经济类因素、金融类因素、货币类因素及冲击类因素。

一、经济类因素

经济类因素主要是指经济规模和贸易规模。货币跨境使用与国际化体现的是一国经济的综合实力比较。一国经济规模和贸易规模越大，在国际舞台中就越有发言权，使用本国货币进行计价、结算甚至作为他国外汇储备的可能性就会显著增加，货币国际化的水平也会相应提高。人民币跨境使用或者人民币国际化需要以稳定的经济发展为基础，以强大的经济实力为支撑。

二、金融类因素

金融类因素主要是指金融市场发达程度。一国具有高度发达的金融市场，一方面使用本币计价的金融产品增多，另一方面能够提供高度流动性的金融产品，为投资者提供保值增值的手段，尤其是对冲金融风险的能力，因而能够有效吸引境外投资者使用本币进行投资和风险管理，从而推动以"本币优先"的模式助推该国的货币国际化程度。

三、货币类因素

货币类因素主要是指交易习惯和币值信心。货币国际化的持续性需以币值稳定为基础，以此增强持有者的信心和意愿。币值不稳定，波动过大，出于保值和增值的考虑，人们越要持有相对稳定的货币而抛弃不稳定的货币，从而丧失货币国际化的能力。然而，货币一旦国际化，并且越来越多地被人们接受和使用，就会形成货币网络外部性。因为受货币网络外部性和货币替换成本的影响，人们倾向于持有当前货币而不愿持有其他货币进而形成货币惯性，而货币惯性具有不可逆转性，从而决定了货币国际化的持久性。

四、冲击类因素

冲击类因素分外部冲击或内部冲击。有利的外部冲击可以增加货币国际化的机遇（如美元在国际化进程中遭遇两次世界大战），提高该国货币在各领域的使用规模，促进货币国际化向前推进，而不利的外部冲击则可能对货币国际化带来挑战，阻滞或延缓货币国际化进程（如全球金融危机），甚至拖累货币国际化的经济基础。有利的内部冲击（如各种政策的出台）也可刺激国内改革，加快金融基础设施建设，为货币国际化铺路，而不利的内部冲击（如政局不稳定、内战等）则会使货币国际化政策搁置、延缓，从而减缓该国的货币国际化进程。

第二节　人民币在中国西南周边国家跨境 使用的有利因素

一、宏观政策环境的有力支持

老挝、缅甸及越南虽然发展基础有所差异，但是由于通过开放与合作引进先进的技术和资金、通过改革释放发展动能的理念已经成为各国政府的共识，各国已先后开启改革开放进程，以更加包容积极的态度对待双多边合作。

老挝于 1986 年实行"革新开放"，引入市场经济，全面实施经济体制改革和对外开放政策。2021 年，老挝召开第十一次全国代表大会，要求扩大国与国之间多方向、多方面、多形式、多层次的交往合作，尤其是深化与中国、越南、俄罗斯的交流合作，保持并扩大双方贸易投资。

缅甸于 1988 年开始实行市场经济和鼓励私有化的政策，并指出加强同周边国家特别是中国、印度、泰国等的边贸关系。2011 年，自缅甸步入宪政时期以来，积极融入国际社会，在进行民主改革的同时，大力推进经济发展，于 2021 年组建了缅甸国家管理委员会，提出稳定市场经济制度，引进外资，促进各民族经济发展的"五步路线图"。①

越南于 1986 年实行"革新开放"，2001 年开启社会主义市场经济体制改革发展之路，以发展经济为重心，积极融入国际经济。越南第十三次全国代

---

①　资料来源：《对外投资合作国别（地区）指南——缅甸（2022 年版）》，http：//www. mof-com. gov. cn/dl/gbdqzn/upload/miandian. pdf。

表大会强调了开放质量的重要性，指出未来需将外资和合作政策的重点从数量转向质量，提升融入国际和外交活动的成效。①

20世纪80年代以来，推动沿边开放和与推进与周边国家合作发展成为中国改革开放政策体系的重要组成部分。国家先后出台相关政策支持云南、广西等沿边省区建设沿边开发开放合作区，促进与周边国家的经贸合作。中国云南、广西与老挝、缅甸、越南在跨境交界地带甚至在这些国家内陆地区共建跨境合作区，包括中国与老挝共建万象赛色塔综合开发区、中老磨憨—磨丁经济合作区；中国与缅甸共建皎漂经济特区、保山—曼德勒缪达工业园、中缅瑞丽—木姐边境经济合作区；中国与越南共建龙江经贸合作区、深圳—海防经贸合作区、铃中加工出口区、海河天虹工业园区、仁会康洋工业园、北江国际物流产业园、河口—老街跨境经济合作区以及中国东兴—越南芒街跨境经济合作区。

2013年11月，中国人民银行联合10个国家部委印发《云南省 广西壮族自治区 建设沿边金融综合改革试验区总体方案》。2019年2月，国家发展改革委印发《关于支持云南省加快建设面向南亚东南亚辐射中心的政策措施》，支持云南进一步深化与周边国家金融合作，创新开展人民币跨境业务，从而推动云南省企业与周边国家的贸易、投资采用人民币计价、结算、支付，进一步完善与境外银行业金融机构之间的跨境清算结算渠道。云南也始终将打好沿边和跨境"两张牌"，推进与周边国家及地区投资贸易自由、人员往来便利以及推进人民币在周边国家跨境使用等作为推动形成我国面向南亚和东南亚辐射中心、开放前沿发展战略定位的重要举措。诸多政策均为在中国西南周边国家推进人民币国际化提供了有力的政策支持。以中国为出发点，贯穿老挝、缅甸、越南周边国家再辐射至东南亚地区，推动优势互补效能发挥，既为周边

---

① 资料来源：越南通讯社，https://zh.daihoidang.vn/lich-su.vnp。

地区与中国深化合作打造示范样本的同时，也通过合作共建，促进了要素流动，为人民币跨境使用创造真实需求，真正推动人民币国际化长效健康发展。

二、政策法律环境不断优化

为加快融入国际经济发展大潮，有效推动各国经济开放发展，老挝、缅甸和越南一方面积极参与多种双多边国际合作机制，包括与中国的积极合作；另一方面，各国纷纷出台吸引外资等相关促进开放政策，并不断改革国内相关法律法规，优化国内营商环境。

越南、老挝、缅甸等国先后成为东盟成员国，中国—东盟合作机制为中国与各国的双多边合作搭建了平台；共建"一带一路"倡议为深化中国与周边国家合作创建了更为有力的区域合作机制，三国均已和中国签署共建"一带一路"合作文件；2008年中越建立全面战略合作伙伴关系，2009年中老双边关系上升为全面战略合作伙伴关系，2011年中缅建立全面战略合作伙伴关系；2022年中国与老挝、缅甸及越南三国签署了《区域全面经济伙伴关系协定》；大湄公河次区域合作机制、澜湄合作、中缅经济走廊、中老命运共同体及中国—中南半岛经济走廊建设，则为推动云南与周边国家经贸合作提供了具体的实施路径。

为加快融入国际经济发展大潮，有效推动各国经济开放发展，20世纪80年代以来，老挝、缅甸与越南纷纷与中国在贸易、投资、货币等领域签署相关协定，便利中国资本贸易投资，优化本国营商环境（见表3-1）。

表3-1 截至2022年底中国与老挝、缅甸、越南签署的经贸协定

国家	贸易协定	投资协定	货币协定
老挝	1988年《中老贸易协定》1988年《中老边境贸易的换文》2004年《货物贸易协议》	1993年《中华人民共和国政府和老挝人民民主共和国关于鼓励和相互保护投资协定》	2020年中国人民银行与老挝中央银行签署双边本币合作协议

国家	贸易协定	投资协定	货币协定
缅甸	1994 年《中华人民共和国政府和缅甸联邦政府关于边境贸易的谅解备忘录》 2020 年《中华人民共和国商务部与缅甸联邦共和国商务部关于成立中缅贸易畅通工作组的谅解备忘录》 2021 年《中缅经贸合作五年规划》	2001 年《中华人民共和国政府和缅甸联邦政府关于鼓励促进和保护投资协定》 2004 年《中华人民共和国政府和缅甸联邦政府关于促进贸易、投资和经济合作的谅解备忘录》 2020 年《中华人民共和国商务部与缅甸联邦共和国投资与对外经济关系部关于加强基础设施领域合作的谅解备忘录》	2019 年缅甸宣布增加人民币为官方结算货币 2021 年缅甸决定在中缅边境地区允许使用人民币结算
越南	2011 年《中越经贸合作五年发展规划》 2016 年《中越经贸合作五年发展规划补充和延期协定》 2016 年《中越边境贸易协定》 2021 年《关于成立中越贸易畅通工作组的谅解备忘录》	1992 年《中华人民共和国政府和越南社会主义共和国政府关于鼓励和相互保护投资协定》	2018 年越南决定在越中边境地区允许使用人民币结算

资料来源：摘取自老挝、缅甸、越南的《对外投资合作国别（地区）指南》最新版。

云南肩负建设中国面向南亚和东南亚辐射中心战略重任，始终坚持积极参与各种双多边区域合作机制建设，在国家和地方多重对外开放政策指引下，正在形成以云南自由贸易试验区与各类开发开放平台为重要引领的、以沿边和跨境开放为鲜明特色的经济金融合作开放政策体系。

三、经济基础条件不断改善

老挝、缅甸及越南致力于经济改革开放的努力，推动着各国经济发展状况不断改善，三国逐渐走向经济增长的快车道，产业结构不断得到优化与升级，对外贸易快速增长。

老挝自实行改革开放以来，社会经济逐步发展，1986~2022 年年均 GDP 增速达 6.9%，2022 年 GDP 总量为 157.2 亿美元，人均 GDP 从改革前 1986

年的 461.7 美元提升至 2022 年的 2088.4 美元，人民生活水平得到显著提高。经济增长的主要动力来源于国内水力资源丰富，大规模的电站建设拉动了投资、促进了电力出口，经济快速增长拉动私人消费旺盛，经济特区吸引的外资推动了矿产开发和基础设施等制造业发展迅速。

缅甸自 2012 年实行政治经济转型后，天然气田开采吸引大量外资涌入，推动缅甸经济保持了快速增长，以至于在 2021 年之前，缅甸在 2011~2020 年都始终保持了年均 8.5% 的增长速度，人均 GDP 由 2011 年的 1086.8 美元增长至 2020 年 1477.5 美元的峰值。

越南过去十余年间经济保持了 5%~7% 甚至更高的增长速度，国内投资、消费对国内生产总值的贡献度较高，包括外资在内的非国有经济发展迅速，为经济提供了新的活力，多国贸易协议的推动也使出口成为越南经济增长的重要拉动力。越南经济体现出了极强的经济韧性。截至 2022 年底，越南 GDP 总量为 4088.02 亿美元，人均 GDP 为 4163.5 美元。

近年来我国云南省深化改革加大开放，经济增长势头良好，经济进入快速增长通道。2022 年全省 GDP 同比增长 4.3%，GDP 总量为 2.90 万亿元，人均 GDP 为 6.17 万元。2023 年上半年 GDP 总量为 1.42 万亿元，同比增长 5.1%。经济持续向好回升，展现出广阔发展空间和强劲发展势能。

四、金融产业基础不断完善

老挝、缅甸及越南金融发展水平不尽一致，但是均已基本形成涵盖中央银行、金融监管机构、商业银行、证券市场、保险业在内的现代金融组织体系，金融推动经济发展的核心作用得到了不同程度的发挥。

老挝金融业以银行部门为核心，银行业主要由国有银行、私营银行、合资银行和外资银行构成，其中，国有银行资产和信贷规模均占 50% 以上份额。老挝证券交易所成立于 2010 年，由老挝与韩国共建，截至 2023 年 4 月，共有 11 家上市公司，从规模来看，其目前是世界上规模最小的资本市场之一。保险业相较发展缓慢，现有六家保险公司运营，但是发展潜力巨大。①

缅甸自 2010 年实施经济金融改革以来，银行业取得了较大发展，初步形成了以缅甸中央银行——国家银行为中心，以缅甸经济银行、缅甸投资与商业银行、缅甸外贸银行和缅甸农业和农村发展银行四家国有银行为主，24 家私人银行与外资银行共存的银行业体系。缅甸证券业和保险业起步较晚，2014 年大和证券集团与日本交易所集团协助缅甸政府共同出资组建仰光证券交易所，截至 2023 年 4 月，仅有 8 家上市公司股票可供交易，日均交易额不足 50 万元人民币，缅甸证券业发展空间巨大。保险业逐步成熟，目前已拥有 1 家国营保险公司、12 家私营保险公司和 11 家外资或合资保险公司，为客户提供人寿、航空、工程、石油天然气、旅游等 30 余种保险服务。②

越南现代金融业发展起步较晚，但是发展较快。自 20 世纪 80 年代开启金融体制改革以来，现已形成较为完整的以多层次银行业为主导、证券业迅速发展、保险业逐步提升的金融体系。国有银行占据主导地位，银行业发展水平不断提高，2020 年有三家银行上榜全球企业 2000 强。银行层次较为丰富，包括中央银行、政策性银行、商业银行、外资银行的银行结构，为政府、企业、个体需求提供了差异化服务。证券市场发展迅速，证券业起源于 1996 年越南国家证券委员会的成立，目前已形成两个分工明确的证券交易所，即胡志明市证券交易所和河内证券交易所，分别为规模较大的大型企业和中小

---

① 资料来源：《对外投资合作国别（地区）指南——老挝（2020 年版）》，http：//www. mof-com. gov. cn/dl/gbdqzn/upload/laowo. pdf。

② 资料来源：《对外投资合作国别（地区）指南——缅甸（2022 年版）》，http：//www. mof-com. gov. cn/dl/gbdqzn/upload/miandian. pdf。

企业提供融资服务。据相关统计显示，证券市场账户增长迅速，已从 2000 年的 3000 个增加至 2022 年底的超 430 万个，但 99% 都是由越南国内投资者注册，证券业吸引国际资本还任重道远。① 保险业发展迅速，截至 2022 年第三季度，整个市场总保费收入估计为 177.3 万亿越南盾，比 2021 年同期增长 16.3%，其中，非人身保险保费收入预期寿命估计 49.8 万亿越南盾，寿险保费收入预计 127.5 万亿越南盾，增长率分别达 19.1% 和 16.2%。

云南省银行与非银行金融服务体系日趋完善，截至 2022 年底，全省共有各类银行与非银行金融机构 242 家，其中，政策性银行 3 家，国有大型银行 6 家，股份制银行 11 家，城市商业银行 3 家，村镇银行 72 家，农村金融机构 128 家，外资银行 7 家，邮政储蓄银行 1 家，信托公司 1 家，财务公司 5 家，金融资产管理公司 4 家，金融租赁公司 1 家；保险服务体系建设进一步完善，全省共计 44 家保险省级分公司；全省有 35 家证券公司分公司，146 家证券营业部，2 家期货公司，6 家期货分公司，25 家期货营业部，证券期货经营机构达到 214 家；已完成登记的私募基金管理人 71 家，备案基金 175 只，管理基金规模 1074.06 亿元，多层次资本市场培育成效有所显现。②

五、双边经贸与人员往来对货币金融合作的需求不断增强

中国与西南周边国家积极发挥毗邻优势，多年来双边经贸与人员往来不断深化，对区域货币金融合作产生了直接的推动力。

一是在双边贸易往来方面。2022 年 4 月，中国与老挝进出口贸易额为 2.94 亿美元，占比老挝外贸总额的 30.95%，是老挝第一大出口国和第二大

---

① 资料来源：《对外投资合作国别（地区）指南——越南（2022 年版）》，http://www.mof-com.gov.cn/dl/gbdqzn/upload/yuenan.pdf。

② 资料来源：云南省地方金融监督管理局，http://dfjrjgj.yn.gov.cn/html/2023/rdzxtajy_0705/16731.html。

进口来源国。云南省是中国对老挝主要贸易省份，滇老贸易额约占中国对老挝贸易额的 1/3。中国与缅甸 2021 年双边贸易额为 186.4 亿美元。中国为缅甸第一大贸易伙伴、第一大出口市场和第一大进口来源国，2019~2020 财年，双边贸易额为 376 亿美元。缅甸是云南省最大贸易伙伴国，2022 年，滇缅贸易额为 73.58 亿美元，占云南省对周边七国贸易总额的 44.05%，位列第一。2022 年，中国与越南的双边贸易额达到 755.69 亿美元，同比增长 5.9%，中国是越南第一大进口来源国和第二大出口国。云南对越南的外贸增长较快，2022 年，云南省对越南的贸易额为 32.51 亿美元，位居第二。

二是在中国对三国投资推动方面。老挝丰富的自然资源与中国经贸互补，吸引了大量中国企业投资。中国于 2016 年超越越南成为老挝第一大外资来源国。截至 2021 年底，中国对老挝投资存量为 9.9 亿美元，主要集中在经济合作区、铁路、电网、水电站、房地产和通信卫星等多个领域。其中特别是中国与老挝共建"一带一路"项目中的旗舰工程——中老铁路于 2021 年 12 月的顺利开通使老挝由"陆锁国"变为"陆联国"，成为北联中国，南联泰国、马来西亚等国家，贯穿中南半岛的关键枢纽，为老挝经济带来巨大发展潜力，未来增长空间得到极大拓展。中国立足中缅经济走廊，发挥制造技术和投资资金方面的优势，助力缅甸电力能源、矿业资源及纺织制衣等加工制造业提效增速。中国资本还在越南发展加工制造业中发挥了重要作用。截至 2021 年底，中国对越南已累计投资 3325 个项目，协议投资金额 213.3 亿美元，在 139 个对越南投资的国家和地区中排名第七位。①

三是在境外务工和旅游等人员流动推动方面。随着中国居民收入不断增加，居民个人境外旅游探亲人次不断提高。周边国家毗邻中国，旅游成本低、旅游资源丰富，带动人民币以"旅游"方式进入周边国家。同时，在周边国

---

① 资料来源：越南计划投资部。

家有许多中资企业投资建设的大型工程项目（如在老挝的水电站项目、中老铁路项目），大量的中国务工人员境外劳动取得的报酬，使用人民币支付工资，也带动了人民币的境外使用。

六、金融机构"走出去""引进来"的有力推动

一是在中资商业银行"走出去"方面。中资商业银行的境外布点为人民币国际汇兑与结算、投资与留存提供了必要的条件，因而有利于人民币在该国或该地区的使用。老挝目前共有四家中资金融机构。中国工商银行万象分行于 2011 年 11 月营业，为首家在老挝投资的金融机构。2012 年，中国银联与老挝外贸银行合作正式开通银联卡业务。2014 年 1 月，富滇银行与老挝外贸银行合资成立的老中银行在万象开业，这是国内城商行在境外设立的首家经营性机构。2015 年 3 月，中国银行万象分行开业。2016 年 9 月，国家开发银行万象代表处在万象挂牌成立。中国在缅甸的银行有中国工商银行仰光分行和中国银行仰光代表处；中国工商银行仰光分行已成为缅甸最大的外资银行，仰光分行已与 15 家缅甸本地银行、全部外资银行缅甸分行建立了代理行关系；中国工商银行积极响应国家共建"一带一路"倡议，推出"中缅通"跨境业务，包括中缅跨境汇款、中缅贸易融资、多币种存款、企业网银、跨币种保函五大系列业务，有效促进了缅甸企业和居民对人民币的需求。越南的中资银行资源比较丰富，中国的五大国有银行在越南已有七个分支机构，其中，除了中国银行、中国建设银行和中国交通银行的分行设在胡志明市，中国工商银行和中国农业银行的分行设在河内市之外，中国银行和中国工商银行还分别在河内市和胡志明市设立代表处。同时，中国国家开发银行也加入布局，在河内市设立了工作组。

二是在云南省金融机构"引进来"和"走出去"方面。云南省地方法人

金融机构富滇银行和太平洋证券分别在老挝合资设立老中银行、老中证券。中国农业银行泛亚业务中心、中国银行沿边金融合作服务中心、中国建设银行泛亚跨境金融中心相继落户云南，商业银行面向南亚和东南亚区域性总部的建设布局初步显现。截至 2022 年 6 月，云南省外资银行数量已增至 8 家（含 1 家外国银行代表处），机构数量在西部 12 省区排名第三位；全省 25 个边境县（市）营业性网点超 700 个，保险网点超 400 个，金融服务边境地区的能力大幅提升。

七、跨境人民币业务创新对货币跨境使用提供了便利

（一）区域性货币交易的"云南模式"创新

2004 年 11 月，中国农业银行河口县支行在与周边银行业务合作发展与交流中，实现了人民币对越南盾柜台挂牌交易，率先在全国边境口岸开办了人民币对越南盾的兑换业务，满足了边民和边贸企业货币兑换的需求。

2011 年 6 月 9 日，富滇银行在全国首次实现人民币对老挝基普的银行柜台挂牌，迈出了中老双边本币结算的第一步。2011 年 12 月 19 日，富滇银行与泰国北部央行合作，在昆明成功实现人民币对泰铢银行间市场挂牌，在全国首次推出人民币对泰铢银行间市场区域交易。

目前，银行柜台挂牌交易币种实现周边国家货币全覆盖。云南德宏、红河等地成功发布人民币对缅甸元"瑞丽指数"和人民币对越南盾"YD 指数"，对人民币与外币汇率形成做出了积极探索。以银行间市场区域交易为支撑、银行柜台交易为基础、特许兑换为补充的全方位、多层次人民币与周边国家货币的区域性货币交易"云南模式"已初步形成。截至 2021 年 9 月 30 日，云南省银行累计办理泰铢、越南盾、老挝基普等柜台兑换交易 14.80 亿元人民币，便利了企业和个人的货币兑换需求。这为发挥云南独特区位优势，实现人民币"走出去"的战略目标迈出了意义深远的一步。

（二）强化跨境金融基础设施建设

一是积极推动人民币跨境支付结算系统和新一代快捷支付系统在周边国家的使用。2015年10月，由中国打造的人民币跨境支付系统（CIPS）正式上线，截至2023年5月已累计有80家直接参与者，1361家间接参与者，分布于全球110个国家和地区。

二是中国金融技术标准"走出去"获得了缅甸的欢迎，银联国际已与缅甸国家转接网络——缅甸支付联盟（MPU）签署芯片卡标准授权协议，银联芯片卡标准成为MPU受理、发卡业务的唯一技术标准。跨境金融基础设施建设为人民币跨境结算提供了更加便利的服务。

三是云南省积极推进跨境金融基础设施创新，一方面，通过多种方式创新非居民结算账户（NRA）服务功能，提高账户使用的便利性。试点扩展非居民结算账户服务功能，放开NRA账户现金存取款和账户内资金转存为定期存款功能，探索建立了"NRA账户资金交易明细登记簿"台账，NRA账户使用的便利性受到境外机构的广泛认可。另一方面，试点建设境外边民信息管理平台，积极推进境外边民信息管理平台的建设，强化境外边民在我国金融机构开立账户的信息核验和管理。

（三）拓宽本外币现钞调运渠道

一是搭建了两个越南盾现钞直供平台：中国农业银行河口县支行于2016年1月4日调入越南盾10亿盾，折合4.45万美元，2016年1月21日调出越南盾9.6595亿盾，折合4.36万美元；麻栗坡县农村信用合作联社于2017年5月在全省农信社系统率先成功实施跨境越南盾现钞调入业务，并在2019年3月将7亿越南盾从麻栗坡县农村信用合作联社天保信用社驶入中越边境天保口岸，实现云南省农信社越南盾现钞跨境调出零突破。

二是搭建了西南地区第一条泰铢现钞直供平台。①

三是实现了中老双边本外币现钞跨境调运历史性突破。② 2018 年 5 月，富滇银行西双版纳磨憨支行与老中银行磨丁分行开展了首次双边本外币现钞调运合作，分别将 500 万元人民币通过中国磨憨口岸调入老挝、5 亿老挝基普通过老挝磨丁口岸调入中国，标志着中老双边本外币现钞跨境调运在中老磨憨—磨丁经济合作区取得历史性突破。③

（四）持续创新跨境人民币业务产品

一是在全国先行先试个人经常项下跨境人民币业务、跨境人民币双向贷款业务和本外币特许兑换等业务。

截至 2023 年 6 月末，富滇银行已累计向老挝调运人民币现钞 71 批次，总计 7.5 亿元人民币，向国内调运 5 亿基普。大幅降低人民币面向东南亚陆路调运成本，有效满足了老方边境地区对人民币现钞的需求。④

人民币在本外币跨境收支中的占比从 2010 年的不足 5%上升为 2021 年的37%，高于全国平均水平。2014 年 5 月全国首家试点个人经常项下跨境人民币结算，并取得成功经验在全国复制推广；2014 年 12 月试点跨境人民币双向贷款业务，截至 2021 年 9 月 30 日，云南企业从境外银行融入人民币资金203 亿元，对拓宽云南省企业境外融资渠道、实现企业融资方式多元化和国际化以及缓解边境地区建设资金不足产生积极影响；2014~2018 年，全省个

① 资料来源：文山州实现越南盾现钞跨境调出零突破［EB/OL］. 国家外汇管理局云南省分局，https：//www. safe. gov. cn/yunnan/2019/0329/589. html，2019-03-29.
② 资料来源：富滇银行成人民币对泰铢直接交易主要做市商［EB/OL］. 云南网，https：//yn. yunnan. cn/system/2019/09/28/030388997. shtml，2019-09-28.
③ 资料来源：中老双方首条本外币现钞银行调运通道在中老磨憨—磨丁经济合作区打通［EB/OL］. 中国人民银行西双版纳州中心分行，https：//www. xsbn. gov. cn/zgrhxsbnfh/117556. news. detail. dhtml？news_id=1903654，2018-05-24.
④ 资料来源：中老铁路情相牵　金融为民办实事［EB/OL］. 新华网云南频道，http：//www. yn. news. cn/20230926/7ba3dbaaca534a4ba4e760fe74598a5f/c. html，2023-09-26.

人本外币特许兑换业务现钞兑换 30.2 万笔，金额达 30361.5 万美元。首创经常项下人民币与缅甸元特许兑换，实现客户范围、业务范围和兑换额度"三个突破"，兑换量突破 4 亿元。①

人民币已成为云南省第二大涉外交易结算货币和第一大对东盟跨境结算货币。截至 2023 年 3 月末，全省跨境人民币累计收付 7381.99 亿元，已同 120 个国家（地区）建立跨境人民币结算渠道，其中共建"一带一路"沿线国家 40 个，覆盖已建交的南亚、东南亚国家。②

二是商业银行积极尝试各具特色的跨境金融服务产品。2019 年 10 月，中国建设银行云南省分行联合中国出口信用保险云南分公司创新产品"建信融"，助推云南企业境外市场拓展；富滇银行积极推动跨境货币调运业务，2018 年实现中老货币跨境调运，2018 年 5 月实现双向调运货币，截至 2021 年 9 月 30 日，累计实现人民币调运 63 笔，金额 4.9 亿元；累计实现老挝基普调运 1 笔，金额 5 亿基普。在边民互市资金汇兑方面，富滇银行采取批量汇款的方式来解决边民互市资金汇兑手续费较高的问题，促进边民互市资金纳入银行体系结算。富滇银行实现了跨境代收中老铁路建设工人工资。西双版纳勐腊县农村商业银行与老挝发展银行互开了账户，虽无业务往来，但也促进了双方金融体系的沟通和认知。

---

① 资料来源：先行先试尽显"国际范"——云南沿边金融综合改革试验区建设 5 周年记 [EB/OL]. 云南省人民政府外事办公室，http://yfao.yn.gov.cn/wsjs/201902/t20190218_840348.html，2019-02-18.
② 资料来源：云南省地方金融监督管理局，http://dfjrjgj.yn.gov.cn/html/2023/rdzxtajy_0705/16731.html.

第三节　人民币在中国西南周边国家跨境
使用的不利因素

一、双边国家企业贸易投资金融往来不确定因素

在复杂多变的全球利益格局和区域利益冲突与平衡变局中，中国与周边国家贸易往来的日渐紧密一方面促进了这些国家的经济发展，另一方面也加大了这些国家对中国市场和资金的依赖程度，这导致一些周边国家在与中国展开相关合作过程中增大了双边企业贸易投资金融往来的不确定性因素影响。随着中美贸易摩擦升级，亚太地区发展潜力日益凸显，导致以美国为代表的西方发达经济体强化以美元为中心，这对中国与老挝、缅甸、越南等周边国家经贸合作也会产生不确定影响。

二、双边国家货币金融合作政策协调不足

一是中国与周边国家在签订双边货币互换协定、畅通双边本币结算渠道以及增加人民币外汇储备三方面的合作均有进一步加强的空间。首先，在签订双边货币互换协定方面，2020 年中国与老挝签署了货币互换协定，但与越南和缅甸仍未签署货币互换协议、清算协议等，银行间合作形式单一且波动性较大。其次，在畅通双边本币结算渠道方面，老挝还没有确立人民币作为跨境结算货币的合法地位。此外，由于老挝中央银行的监管规定，外资银行在老挝开设的分行不能继续开设分支机构。缅甸央行于 2019 年 1 月正式将人

民币作为其国际结算和支付货币，并允许持有外汇经营许可的商家在国际结算时直接使用人民币与日元，银行间也可开设人民币账户，但不允许给个人或机构开设人民币账户；越南自 2018 年 10 月起允许其边境七个省份使用人民币作为合法的结算货币。最后，在增加人民币外汇储备方面，人民币在越南、缅甸、老挝三国外汇储备中的占比均很小。国家层面对人民币跨境使用提供的政策便捷对人民币国际化的具体推进至关重要，对外方企业与居民的影响尤为深远，因为国家层面人民币外汇储备的缺乏会导致他们难以通过本国金融系统完成人民币的自由汇兑，从而影响企业跨境的人民币支付与结算。

二是双边金融机构之间、金融监管部门之间以及政府之间定期沟通对话机制不足，使金融合作与开放过程中存在的问题不能及时沟通，缺乏相互了解，中方不能及时向对方介绍宣传人民币跨境金融制度与产品创新的情况，导致好的项目无法开展，或者已经开始的合作项目难以深化。

三是地方政府金融事权有限，限制了地方深化跨境货币金融合作的范围和深度。以中国—老挝金融合作为例，虽然人民银行昆明中心支行与老挝国家银行初步建立了定期协商机制，但由于两国重要金融业务的权限没有下放，可商谈的领域和合作的项目有限，更多的合作需要双方央行顶层设计，因此成效不明显。

三、中国西南周边国家经济与金融发展基础不够牢固

中国西南周边国家近年来虽已取得较为显著的经济改革开放成效，但是总体上仍存在经济发展水平有待提高、潜在经济金融风险较高、金融基础设施薄弱等突出困难与问题。

一是中国西南周边国家经济总体发展水平有待提高，现代金融体系建设仍有较大发展空间功能有待健全。

二是中国西南周边国家经济与金融潜在风险较高。由于各国金融发展起步较晚，在监管机制和管理制度上仍需完善。

三是中国西南周边国家金融基础设施薄弱，一方面导致正规金融服务体系不健全；另一方面导致人民币在中国西南周边国家的结算方式不先进。云南与周边国家的人民币结算方式一般分为四种：互开本币结算账户结算、边贸个人人民币银行结算账户划转、现金结算和"地摊银行"结算。这四种结算方式的便利程度依次上升，不透明度也顺序增加。中老之间超过50%的边贸结算以现钞方式进行；中缅边贸结算主要方式是通过缅甸个人在中国境内银行开设的人民币账户结算以及现钞结算；中越边贸结算建立了较好的合作机制，跨境结算主要以中越双边银行互开本币账户方式为主，为边境贸易企业和个人办理结算，俗称"河口模式"。西南周边三国跨境贸易主要结算方式在一定程度上反映出人民币跨境使用的便利程度和跨境资本流动风险的高低。同时，结算方式的差异性也体现了中国西南周边国家金融发展水平以及与中国金融合作程度存在的差异性。因而在不同国家推进人民币跨境贸易结算时，需要因地制宜地制定不同的发展策略。

四、跨境人民币业务服务体系不健全

一是人民币跨境清算和结算体系不完善。

首先，云南与周边国家的金融信息技术存在不兼容情况，人民币跨境支付系统（CIPS）对接存在问题，有的周边国家还没有普及银行信息化结算，尚存在大量手工操作的情况。有的周边国家与中国银行结算信息系统不一致，导致跨境结算规则不统一，系统对接困难，难以实现跨行清算。虽然我国已和东盟诸多国家与地区达成了互换本币与支付协定，但现阶段能够兑换的只有人民币与越南盾，主要原因在于大多数的跨境支付与结算的双边代理银行无法直接进行通汇结算操作，而是以第三国作为中介进行转汇，进而带来了转汇程序复杂、安全性差、成本高的问题，给云南跨境金融业务的发展造成影响。

其次，海外代理和清算银行数量有限，在一定程度上限制了人民币结算业务合作与发展。从中方角度来看，尽管很多中资商业银行已经具备完善的金融基础设施和服务能力，但要在海外设立分支机构需要经过银监会同意审批。由于每年相关牌照的数量有限，因此很多商业银行仍旧处于不同国家建立分支机构的拓荒阶段，难以在同一国家巩固和拓展业务。此外，对于一些体量较小和欠发达的经济体而言，商业银行往往会因为难以获得利润回报而放弃对当地市场的开发，进而限制了我国与这些国家的人民币业务往来。

再次，所在国的政策限制也会对中资银行和人民币业务在海外的发展造成阻碍。很多国家对外国金融机构在本国的跨境业务存在诸多限制，比如对外币在本国商品和服务交易中的份额存在限制、对开设人民币账户存在限制、外国银行在中国开设同业存放银行账户审批手续烦琐等。举例而言，越南仅允许与我国接壤的边境省份的商业银行开办人民币结算业务，越南内地的商业银行不可办理人民币结算业务。这些限制对人民币结算的便利性造成了很大损害。

最后，中国西南周边国家货币属于交易规模较小的币种，由于中央系统增设直接双边报价机制的成本过高，导致人民币和这些货币之间依然需要经由美元中介的间接报价机制，尚未摆脱美元汇率波动的影响。对越是使用率低的小币种，不同银行的兑换差价则越大。这种被动形式的汇率波动，会提高人民币在使用中的汇率风险，不利于人民币跨境结算的推进。

二是人民币跨境使用的配套产品发展滞后，人民币获取、兑换和投资渠道受限，成为影响海外企业和居民人民币需求的重要因素。

首先，受产品设计定位存在偏差、市场接受程度低等因素制约，人民币跨境结算业务配套产品发展滞后，跨境人民币账户融资、人民币担保及资本项下跨境人民币业务进展缓慢。人民币跨境金融服务主要局限于跨境人民币结算业务服务，跨境保险业务和跨境证券业务尚处于探索试点阶段，亟待全面提升跨境人民币业务服务水平，充分满足客户对跨境结算、贸易融资、财富管理与投资的境内外一体化金融服务需求。

其次，对于中国西南周边国家这样的经济欠发达且缺少双边货币互换机制的国家而言，企业获取和使用人民币的渠道局限于进出口交易，既难以在本国金融机构实现人民币和本币的兑换，积攒的人民币资产也缺乏有吸引力的投资途径。因此，面对已经存在其他主导型外币的国际市场，推进人民币计价和结算需要提供足以克服转换成本的经济收益，比如使用人民币能够加深其与中国市场的贸易联系，能够方便地持有人民币资产并获得贸易以外的金融收益，以人民币进行国际业务结算能够避免不公正的金融制裁等。

第四节　中国西南周边国家美元化对人民币周边跨境使用的影响

一、中国西南周边国家美元化对人民币周边跨境使用影响的实证分析

本节考虑以老挝、越南、柬埔寨三国美元化程度为主要解释变量，三国人民币跨境使用规模为被解释变量，研究中国西南周边国家美元化对人民币跨境使用的影响。

（一）模型设定

为识别若干因素对人民币在中国西南周边国家跨境使用的影响力度、作

用方向，根据马荣华（2006）、董继华（2008）、刘方等（2015）等的研究，同时重点考虑周边国家美元化的影响，设定如下基准计量模型：

$$\ln Crmb_{it}=\alpha_0+\alpha_1 Dollarization_{it}+\alpha'_2 X_{it}+\lambda_i+\eta_t \qquad (3-1)$$

式中，$\ln Crmb_{it}$ 表示第 i 国（老挝、柬埔寨、越南）[①]第 t 时间（2003～2017年）的人民币跨境使用量对数，$Dollarization_{it}$ 表示第 i 国第 t 时间的美元化程度，X_{it} 表示其他一系列影响人民币跨境使用的变量，如人民币对基普、越南盾、瑞尔的升贬值幅度（$Value$）、周边国家的经济发展水平（$\ln Pgdp$）、金融发展水平（Dev）和通货膨胀率（CPI）、周边国家从中国的进口规模（$\ln Import$）、中国对周边国家的直接投资存量（$\ln ODI$）；α_0、α_1、α_2 分别是待估计参数；λ_i、η_t 分别表示未观测的截面固定效应和时间效应。

式（3-1）中，我们预期 $\alpha_1<0$，且显著，则说明美元化程度的提高将会显著抑制人民币跨境使用规模。其他情况则表明美元化程度的提高不会显著影响人民币跨境使用规模。

历史上中国货币就已在南亚、东南亚国家跨境使用。改革开放以来，特别是1993年以来中国与周边国家恢复外交关系后，人民币开始在边境地区大量使用，人民币跨境使用规模不断扩大，因此人民币跨境使用具有持续性，也即先前的人民币跨境使用会带动后续人民币跨境使用规模的扩大，从而表现出"惯性效应"。我们通过加入被解释变量的滞后一期作为自变量，解释这种惯性作用的大小。

据此，我们在式（3-1）中加入人民币跨境使用的滞后一期变量，则该模型变为动态面板模型：

$$\ln Crmb_{it}=\alpha_0+\alpha_1 \ln Crmb_{it-1}+\alpha_2 Dollarization_{it}+\alpha'_3 X_{it}+\lambda_i+\eta_t \qquad (3-2)$$

式中，$\ln Crmb_{it-1}$ 表示第 i 国第 $t-1$ 时间的人民币跨境使用量对数，若 0<

[①] 由于无法获得缅甸外币存款的具体数字，无法计算其美元化程度，所以删除缅甸。

$\alpha_1<1$，表明前期人民币跨境使用将会显著促进当前的人民币跨境使用，而且具有收敛趋势。动态面板模型通常使用系统 GMM 和差分 GMM 两种方法同时估计。一般来说，系统 GMM 比差分 GMM 具有较好的估计效率，为了作为比照，我们同时使用两种估计方法。

（二）数据来源

人民币跨境使用量的数据是根据人民币在周边国家直接投资占比数据来进行测算的。美元化程度指标采用外币存款/M2 表示，其与人民币升值/贬值幅度的数据来自国际货币基金组织国际金融统计（IFS）；其余数据来自世界银行世界发展指标数据库、历年《中国对外直接投资统计公报》。

（三）统计描述

在表 3-2 中，以直接投资为基础测算的人民币跨境使用量呈现显著增长趋势，最高达到 5.58（对数值）、最低时为 -0.89，而美元化程度最高升至 83%，最低也仅有 8%。分国别来看，柬埔寨美元化程度最高，其次是老挝的美元化程度居中（约在 40%），越南的美元化程度最低，2008 年以来在 20% 以下（见图 3-1）。人民币对基普、瑞尔和越南盾的贬值幅度最低为 6%，升值最高到 15%。其他数据也表现出极大差异。

表 3-2　变量的描述统计

变量	样本量	最小值	均值	中位数	最大值	标准差
ln$Crmb$	45	-0.89	3.30	3.78	5.58	1.77
$Dollarization$	45	0.08	0.49	0.46	0.83	0.26
$Value$	45	-0.06	0.02	0.02	0.15	0.04
ln$Pgdp$	45	6.23	6.96	6.97	7.51	0.32
CPI	45	-0.01	0.06	0.05	0.25	0.05
Dev	45	0.08	0.19	0.16	0.39	0.09
ln$Import$	45	4.65	7.70	7.51	10.95	1.85
lnODI	45	6.24	11.00	11.50	13.41	1.96

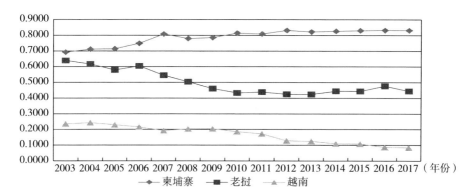

图 3-1 2003~2017 年柬埔寨、老挝和越南三国美元化变动趋势

资料来源：国际货币基金组织国际金融统计数据。

图 3-2 展示了美元化与人民币跨境使用量（对数值）的散点图和无条件拟合情况，美元化和人民币跨境使用的分布较散，而且拟合情况发现美元化负向影响人民币跨境使用，线性回归系数为 0.83，但拟合效果较差，说明美元化对人民币跨境使用的影响还受其他因素的制约。

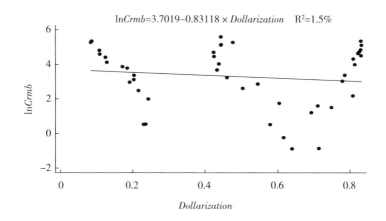

图 3-2 美元化与人民币跨境使用的散点图

注：$n = 45$　RMSE $= 1.781583$。

（四）实证结果

由于是长面板数据（T＝15＞N＝3），对于可能存在的固定效应，只要加入个体虚拟变量即可进行估计（LSDV 法）。对于时间效应，可以通过加上时间趋势项或平方项进行控制。因为扰动项可能存在组间异方差或组内自相关，所以需要进行检验。

1. 组间异方差检验

组间异方差的检验方法为沃尔德检验，由检验结果可知，p 值为59.77%，远大于1%，故不存在组间异方差，如表3-3所示。

表3-3 组间异方差检验结果

Modified Wald test for group wise heteroskedasticity
in fixed effect regression model
H0：sigma（i）^2＝sigma^2 for all i
chi2（3）＝1.88
Prob＞chi2＝0.5977

2. 组内自相关检验

组内自相关的检验方法为伍德里奇检验，检验结果可知，p 值为2.29%，远小于5%，强烈拒绝不存在一阶组内自相关的原假设，如表3-4所示。

表3-4 组内自相关检验结果

Wooldridge test for autocorrelation in panel data
H0：no first order autocorrelation
F（1，2）＝42.083
Prob＞F＝0.0229

3. FGLS 估计

为了解决组内自相关导致的估计偏误，我们使用可行的广义最小二乘法（FGLS）进行回归分析。由于截面个数较少，我们在估计时允许每个个体均有相同的自回归系数，回归结果如表3-5所示。在表3-5中，我们发现，美元化与人民币跨境使用量的回归系数始终（显著）为负，在控制所有变量后，美元化对人民币跨境使用量的回归系数下降到-0.5764，而且在10%的水平上显著。其经济意义说明，美元化程度每提高一个单位，将会导致人民币跨境使用量减少57.64%。

表 3-5　FGLS 估计结果

因变量 = lnCrmb	（1）	（2）	（3）
Dollarization	-1.6184 （-0.9922）	-1.3238 （-0.8151）	-0.5764* （-1.7634）
Value	2.8861 （0.7299）	2.1360 （0.5523）	-0.6301 （-0.9051）
lnPgdp	3.5166 （0.8860）	2.8075 （0.7120）	0.9559 （1.5817）
CPI	-1.9207 （-0.6326）	-2.4827 （-0.8225）	-0.0572 （-0.1213）
Dev	4.9572* （1.8465）	4.0825 （1.5110）	0.8757 （1.5478）
lnImport		0.6240 （1.4530）	-0.0958 （-0.8756）
lnODI			0.8825*** （35.0081）
2. id	-2.0332 （-1.2586）	-1.0159 （-0.5567）	-0.6629** （-2.1007）
T	0.1598 （0.7030）	0.0615 （0.2833）	-0.0282 （-0.7978）
3. id	-3.5446 （-1.4899）	-4.4632* （-1.9364）	-0.7370* （-1.6675）

因变量 = ln*Crmb*	（1）	（2）	（3）
常数项	−20.6837 （−0.8342）	−19.7230 （−0.8217）	−11.5041*** （−3.1881）
样本量	45	45	45
R^2	0.860	0.877	0.996
截面数	3	3	3
截面固定	yes	yes	yes
自回归系数	0.119	0.0719	0.0507

注：括号里数值为稳健 z 统计值，＊＊＊表示 p<0.01、＊＊表示 p<0.05、＊表示 p<0.1，t 为时间趋势变量，id 为截面代码。

在表 3-5 的列（3）中，人民币兑基普、越南盾和瑞尔升值（升值为负，贬值为正）将会促进人民币跨境使用增加，人民币每升值 1%，将会促进人民币跨境使用量提高 63%。老挝、越南、柬埔寨经济发展水平、金融发展水平的提高也会促进人民币的跨境使用，而老挝、越南、柬埔寨国内通货膨胀的上升，将会抑制人民币的跨境使用量，这一点与现实存在一定差距。因为，如果老挝、越南、柬埔寨国内的通货膨胀高企，货币贬值较大，其将会丧失对本币的信心，从而使居民和企业选择较为坚挺的外国货币，因而可能会加剧人民币的境外流通使用。同时，由于人民币在边境使用较多，而在这些国家的内陆地区使用较少，该国大部分居民可能选择持有美元、泰铢等外币，而较少选择持有人民币。

4. 动态面板估计

我们同时使用系统 GMM 和差分 GMM 对式（3-2）进行动态面板估计，结果如表 3-6 所示。在表 3-6 中，我们发现前一期人民币跨境使用量的估计系数大约为 0.08，而且在 1% 的水平上显著，这说明，前期人民币跨境使用量每增加 1%，将会带动本期人民币跨境使用量增长 0.08%。

同时，我们发现美元化的系数仍为负，而且使用系统 GMM 估计时在 1%

的水平下显著，表明在考虑人民币跨境使用的惯性作用时，美元化对人民币跨境使用量具有显著的负向影响，但影响程度已下降到11.4%。因此，面对美元化的冲击，要充分利用中国与周边国家接壤的地理优势，加大边境地区的人民币流出，进而逐渐由边境地区向内陆地区扩展，形成人民币周边使用次区域并渐次扩大。其余变量符号与表3-5类似。

表3-6　动态面板估计结果

因变量＝$\ln Crmb$	(1) Dif-GMM	(2) Sys-GMM
$\ln Crmb_{-1}$	0.071*** (3.244)	0.077*** (19.056)
Dollarization	-0.129 (-1.180)	-0.114*** (-3.854)
Value	-0.496 (-0.767)	-0.671 (-0.865)
$\ln Pgdp$	0.278* (1.840)	-0.130 (-1.421)
CPI	0.199 (0.365)	0.137 (0.204)
Dev	0.571 (1.316)	0.733 (1.361)
$\ln Import$	-0.133* (-1.741)	-0.013 (-0.726)
$\ln ODI$	0.856*** (41.537)	0.834*** (39.354)
常数项	-7.275*** (-14.040)	-5.168*** (-10.760)
样本量	39	42
截面数	3	3
工具变量数	40	53

注：括号里数值为稳健z统计值，***表示p<0.01、**表示p<0.05、*表示p<0.1。

实证结果表明，在中国西南周边国家美元化程度较高的情况下，人民币虽然在边境地区流通和使用规模不断扩大，但在内陆地区，人民币的流通使用量则相对较小，这是周边国家长期使用美元所导致的支付习惯的影响。因而，美元化对人民币跨境使用的负面影响在内陆地区比边境地区更大。人民币在周边国家的流通使用面临与美元的竞争，而且还与该国的经济金融条件密切关联。

5. 相对重要性分析

在实证经济学中，一个重要的问题是探究不同解释变量对被解释变量方差的贡献度。由于截面个数只有 3 个，我们分别对每个截面数据进行最小二乘回归，比较每个变量的相对重要性。相对重要性是 Isareli（2007）在前人研究的基础上提出来的。该方法旨在确定线性回归中，不同解释变量对可决系数的贡献度，其思想是把总离差平方和进行分解为：

$$\text{Var}(y) = \sum_{j=1}^{J} \text{Cov}(b_j x_j, \ y) + \text{Cov}(e, \ y) \tag{3-3}$$

式中，y 为被解释变量，x 为解释变量，j 为解释变量的个数，b_j 为第 j 个解释变量的线性回归系数。

由式（3-3）可得不同解释变量的相对贡献度：

$$\text{R}^2(y) = \frac{\sum_{j=1}^{J} b_j \text{Cov}(x_j, \ y)}{\text{Var}(y)} = 1 - \frac{\text{Cov}(e, \ y)}{\text{Var}(y)} \tag{3-4}$$

通过式（3-4），利用线性回归方法，可得各变量的相对重要性结果如表 3-7 所示。在表 3-7 中，我们发现人民币对外直接投资（lnODI）的贡献度为 0.5298，境外国家经济发展水平（ln$Pgdp$）的贡献度为 0.2246，境外国家进口量（ln$Import$）的贡献度为 0.1165，美元化程度的贡献度为 0.0410。这说明在该线性回归中，各变量的相对重要性排序为 lnODI>ln$Pgdp$>ln$Import$>$Dollarization$>CPI>Dev>$Value$，美元化的贡献度排名第四。这与表 3-5 和表 3-6 中对应变量的显著性结果推论一致。

表 3-7　各变量的相对重要性结果

变量名称	重要性统计值	标准化重要性统计值	排名
Dollarization	0.0410	0.0412	4
Value	0.0175	0.0176	7
ln*Pgdp*	0.2246	0.2256	2
CPI	0.0356	0.0358	5
Dev	0.0304	0.0306	6
ln*Import*	0.1165	0.1171	3
ln*ODI*	0.5298	0.5322	1

二、中国西南周边国家美元化影响人民币跨境使用的主要途径分析

由于美元使用惯性和显著的网络外部性，美元化的"不可逆性"决定了其长期性，因而必然对推进人民币跨境使用产生掣肘，主要影响途径表现为限制人民币发挥贸易计价与结算货币功能和外汇储备功能，此外，在与美元竞争过程中，人民币难以对美元形成有效替代，这无形中延缓了人民币国际化进程。

（一）限制人民币发挥跨境贸易计价与结算货币功能

老挝美元化小幅攀升至 50%，2020～2021 年进入高度美元化国家行列。在老挝境内，美元、泰铢和基普可以同时流通，美元和泰铢主要用于高价商品和大额交易中，基普则用于小额现金交易和找零。老挝金融机构同时发布美元、基普和泰铢三类货币不同期限的存贷款利率数据，但无人民币的相关数据。在老挝北部地区，与中国接壤的省份使用人民币结算较多，而在老挝中部、南部地区，人民币的使用较少，远不及泰铢和美元，而且在进出口企业中，大约 46% 的企业选择以美元计价和结算，人民币的计价和结算占比则大约为 17%（刘方和丁文丽，2019）。

尽管越南加快"去美元化"进程，美元化程度持续低于 10%，但美元在

越南流通早，受居民喜欢的程度依旧不变，涉及资产购置或者金额较大的交易时，一般都采用美元交易，普通居民在一般日用品买卖中，也不排斥使用美元。相比美元，人民币仅在中越边境使用较多，接近 90% 的中越边境贸易采用人民币计价和结算，在越北地区也可流通（刘方，2019）。但目前越南仅允许与我国接壤的边境省份商业银行开办人民币结算业务，越南内地的商业银行不可办理人民币结算业务，人民币难以周转和增值。

柬埔寨美元化程度一直维持在 80% 以上，是典型的高度美元化国家。美元在柬埔寨境内流通广泛，无论是日常生活中的零星采购还是大规模交易，绝大部分采用美元计价和结算，瑞尔只在农村地区以及城市中的一小部分交易中有所使用。[①] 人民币在柬埔寨境内只能通过兑换成美元或柬埔寨瑞尔方可使用，部分商店和餐厅能使用人民币结账，部分商品标签上增添人民币价格，但也仅限于中国游客或中国劳务人员的货币兑换，即便在中国对柬的贸易和投资中，也很少使用人民币。

上述分析表明，周边国家持续的美元化已成为推进人民币周边跨境使用的阻碍，市场交易币种偏好的惯性和币种转换成本是实现人民币跨境结算所面临的最大长期挑战。对企业而言，从过去习惯使用的美元改为人民币进行贸易计价与结算存在转换成本，这种对交易货币的路径依赖限制了跨境贸易结算中人民币的使用量。理论研究发现，当一国发生深度美元化后，本国货币的反向替代及二次替代是极其困难的，也就是说人民币要替代美元成为周边国家的"第二货币"是较为困难的，存在着"棘轮效应"。[②] 这既与这些国

---

① 2015~2019 年柬埔寨出口商品中的 99% 以美元计价，约 0.3% 以欧元计价，其他货币计价约占 0.5%；进口商品中的 95% 以美元计价，1.2% 以欧元计价，其他货币计价约占 3%，具体参见：Boz E，Casas C，Georgiadis G，et al. Patterns in Invoicing Currency in Global Trade［R］. Working Paper Series 2456，European Central Bank，2020.

② "棘轮效应"是指货币替代一旦发生就具有加速和不可逆转的特征。这主要是因为某一货币数量增多、流通范围增大，本身就会造成该货币影响力增强、价值变得稳定的规模效应。

家长期美元化而形成的美元使用惯性有关，也与美元在国际货币体系中的长期突出地位相关。从这一角度来说，人民币在国际货币体系中的地位和人民币跨境使用之间具有相互强化关系。

（二）限制中国西南周边国家将人民币纳入官方外汇储备

中国西南周边国家外汇储备大多以美元资产为主，人民币仅占较少比重①，这是由美元的国际地位及其国际信誉所决定的。中国西南周边国家的美元化使周边国家积累的美元资产促进了美元广泛地被作为价值储藏手段。这些国家的金融机构倾向于通过自我保障（self-insurance）方法，投资于国外无风险高流动性的美元资产或央行的外汇储备来回避货币风险及因货币风险引发的信用风险问题。由于美元是国际资本市场最主要的国际投融资货币，美元化国家能够较为便利地融得美元资金，即使面临货币错配问题，也乐意接受美元资产。人民币作为新兴市场经济体和发展中国家货币，在中国西南周边国家美元化长期存在的情况下，这些国家大量持有美元外汇储备，必然会减少持有包括人民币在内的其他币种外汇储备。

（三）降低人民币对美元的替代程度

弱势货币成长超过强势货币需要经历漫长时期，过程中面临多种困难与挑战，如受到强势货币发行国排挤或打压，受到该强势货币流通国家的政策限制和法律规制，以及那些实施美元化国家的相关政策和法律限制等，对弱势货币在境外流通和使用树起了"藩篱"，建起了政策与法律的"隔离墙"。

人民币国际化进程中不可避免与已有的国际货币展开角力。受限于中国金融市场发展深度、资本账户开放程度和人民币可兑换性等因素影响，人民

---

① 根据国际货币基金组织的最新数据，截至2022年第四季度，人民币在全球官方外汇储备中的份额为2.69%，低于美元（58.36%）、欧元（20.47%）、日元（5.51%）和英镑（4.95%）。据课题组境外调研显示，老挝外汇储备中90%是美元资产，人民币资产和其他币种资产占10%左右。柬埔寨明确表示将人民币纳入外汇储备，不仅有人民币存款，还购买人民币债券。

币竞争力仍位于普通货币与杰出货币之间。在美元化国家，由于美元长期使用惯性及强大的网络外部性支持，美元具有很强的竞争张力，处于强势，其位于货币"金字塔"的顶尖。在人民币对美元的货币竞争中，会受到来自美国或者美元化国家金融上的各种"不对等待遇"，这会人为加大人民币替代美元的难度。

第四章

老挝、缅甸、越南跨境数字人民币实验性探索的必要性与可行性

第一节　老挝、缅甸、越南数字人民币实验性探索的必要性

一、数字化时代人民币国际化路径探索的需要

伴随着信息技术的飞速发展，全世界以越来越快的步伐走进了数字化时代。2021 年底，全球数字经济规模高达 38.1 万亿美元。截至 2022 年 6 月底，全球互联网用户接近 54 亿人，全球互联网行业渗透率约为 68%。[①] 货币的数字化伴随着计算机技术的发展同样发展迅速，前期以加密数字货币的发展为主线，其后引发了世界各国和地区中央银行对数字货币的关注、研究以及研发各自国家和地区的中央银行数字货币（CBDC），以积极适应数字化时代和经济发展对货币功能与形式演进与创新的客观需求。

党的二十大明确提出"有序推进人民币国际化"，为新时期人民币国际化指明了方向。自 1988 年"人民币国际化"概念提出以来，历经民间自发

---

① 2022 年全球互联网行业发展现状及市场规模分析［R/OL］. 前瞻网，https://www.qianzhan.com/analyst/detail/220/230110-b73c6abd.html，2023-01-10.

推动人民币跨境流动阶段的发展，以及以 2009 年我国开始试点跨境人民币结算为标志，人民币国际化正式制度落地实施。历经 35 年理论与政策探索和实践创新，形成了人民币国际化"周边化—区域化—国际化"空间渐进推进和基于真实贸易投资需求的人民币国际货币功能拓展的双突破，人民币跨越国境在中国西南周边国家、共建"一带一路"国家、东南亚和南亚区域乃至更广泛区域发挥国际计价结算货币、国际支付货币及国际储备货币等国际货币职能。伴随着互联网经济和跨境电商等领域的迅速发展，在世界多国中央银行数字货币研发推进的同时，中国人民银行推出的数字人民币伴随着前期人民币国际化在国际支付货币、国际储备货币、跨境贸易人民币结算、加入 SDR 货币篮子、离岸人民币金融中心建设等重大相关成果的基础之上，提供了可能的人民币国际化新路径与新模式，在人民币国际化基础较好的老挝、缅甸、越南等周边国家探索实验数字人民币使用成为探索数字化时代人民币国际化路径的重要研究课题。

二、提升跨境贸易支付效率路径探索的需要

数字人民币的推出为后期提升跨境贸易支付效率提供了路径探索的可能性。与传统货币相比，数字货币能够有效降低发行成本、流通成本和交易成本。根据麦肯锡管理咨询公司的测算，从全球范围看，区块链技术在 B2B 跨境支付与结算业务中，可使每笔交易成本从 26 美元下降到 15 美元。而点对点的支付方式让实时支付成为可能，提升支付效率，满足了跨境支付的及时性和便捷性需求（施婉蓉等，2016）。此外，以 SWIFT 和 CHIPS 为核心系统的现有跨境支付体系，存在特殊时期沦为金融国际制裁手段的风险，不利于国家金融安全等问题突出。基于此，数字货币的独特技术特点使全球跨境支付体系重构成为可能。

三、中国与西南周边国家货币合作层次和范围拓展的需要

中国与西南周边国家货币合作持续深入，其中以中国与东盟国家货币合作最为典型。东盟 10 国中与中国人民银行签署货币互换协议的国家有 5 个，分别是马来西亚、印度尼西亚、新加坡、泰国和老挝。其他国家虽尚未与中国签订货币互换协议，但也在不同领域与中国开展了不同程度的货币合作。以缅甸为例，由于两国地理上毗邻，边境地区是人民币民间自发跨境使用的最早区域，两国货币合作也未曾间断。2019 年 1 月，缅甸央行宣布批准将人民币纳入获准进行国际结算与直接兑换的货币范围；2021 年 6 月，缅甸央行同意中国工商银行开立首个缅甸人民币账户；2021 年 10 月，缅甸政府允许境内持外币结算牌照和兑换牌照的银行与非银行货币兑换机构兑换人民币；2021 年 12 月，缅甸中央银行将人民币纳入本国合法结算货币之列；自 2022 年 1 月 1 日起，缅甸央行正式推出中缅人民币边贸结算试点机制。①

2023 年 1 月，中国商务部和中国人民银行联合印发《关于进一步支持外经贸企业扩大人民币跨境使用 促进贸易投资便利化的通知》，明确了深化货币合作层次和范围的政策支持，涉及跨境贸易投资使用人民币计价结算，商业银行提供更加便捷、高效的结算服务，开展境外人民币贷款、企业跨境人民币投融资，依托自贸试验区、海南自由贸易港、境外经贸合作区等各类开放平台，促进人民币跨境使用，完善跨境人民币综合金融服务等诸多方面。通过持续研发与实践，数字人民币已经具备跨境使用的技术条件。如果未来能协调好中国和周边国家在货币主权、外汇管理、跨国金

---

① RCEP 暖风劲吹，中缅经贸合作新动能澎湃［EB/OL］. https：//mp. weixin. qq. com/s？__biz＝MzA3MzI2MTcxNg＝＝&mid＝2649545594&idx＝5&sn＝d586a6270eaddae4e59d3fad9c10307c&chksm＝8709cc81b07e45976845789f248e320870789aa1331b85e06b02f2af81bb8aec08ee7c31f0d9&scene＝27，2022－05－19.

融监管等相关政策面的国际合作，基于数字人民币的特点，一旦具备跨境使用的政策条件和国际合作条件，将有助于进一步提升边贸结算、一般贸易结算、跨境投资、境外人民币贷款等离岸人民币业务提升，从而丰富中国与西南周边国家货币合作的层次、内容与范围，巩固多层次多方位推进人民币国际化的格局。

四、强化跨境金融风险监管合作的需要

当前，我国金融监管部门和其他相关部门根据职责分工对跨境直接投资、跨境融资、跨境担保、跨境资本市场、反洗钱和反恐怖融资等金融交易进行监管，对金融风险进行宏观审慎管理，主要是对境内主体跨境金融交易实施监管，较少穿透到境外进行延伸监管（何迎新，2020）。国家金融监督管理总局的组建特别强调了要"强化穿透式监管"这一监管方式，体现了国家在跨境金融监管中的重要指导思想。"强化穿透式监管"涉及资本市场中证券行业的反造假和反欺诈、国外衍生品交易所和中介机构、境外交易对手和交易平台、清算所、外资银行、以金融机构为载体的反洗钱和反恐怖融资等众多领域。主要通过立法制定相关监管法律法规，同时，在跨境金融立法、执法，情报数据共享，对高频、异常、大额跨境往来资金的监管、监测和预警等各领域加大与相关国家和地区的协调与合作。

数字人民币支持可控匿名，已经体现出与传统现金交易难以追溯不同的功能，一旦数字人民币服务拓展至跨境批发金融业务，数字人民币借助手机、电脑、银行交易系统等完成的相关交易，每一笔交易都将有迹可循，这将有利于对资金往来的监测、预警以及事后追踪，为"强化穿透式"的跨境金融监管合作和降低跨境金融交易风险提供了更多可能。

第二节　在老挝、缅甸、越南推广
数字人民币的可行性

一、人民币在老挝、缅甸、越南可接受程度相对较高

（一）中国与老挝、缅甸、越南边境地区边贸人民币结算比重较高

中国与老挝、缅甸及越南山水相连，国与国之间民间往来源远流长。20世纪五六十年代，中国先后与越南、缅甸和老挝建交。中老双方在政治、经济、军事、文化及卫生多领域友好交流与合作不断深化，在国际和地区事务中密切协调与合作。中缅友好协商圆满解决历史遗留的边界问题，为国与国解决边界问题树立了典范，2020年1月两国宣布共建中缅命运共同体。中越自1991年两国关系正常化以来，两国传统友好、互信、平等、互利关系在各个领域得到迅速发展，各部门、各个级别之间交往频繁。中国与三国外交关系的正常化以及各层面的往来展开推动了中国与三国的边贸往来以及人民币民间自发跨境流动。

1984年，国务院正式发文明确边境小额贸易由有关省区政府管理，实行"五自"方针，即边境小额贸易按照自找货源、自找销路、自行谈判、自行平衡及自负盈亏的原则进行。根据"五自"方针，云南省政府结合云南边境地区实际于1985年公布了《云南省关于边境贸易的暂行规定》，进一步放宽边境贸易政策。由此至20世纪90年代初，中缅、中老边境地区的边境贸易全线展开。1985~1989年，中缅、中老边境贸易额达36亿元，比政策出台前

增长 20 余倍。自 20 世纪 90 年代初至 2009 年我国正式出台跨境贸易人民币结算制度安排期间，老挝、缅甸和越南等周边国家与我国边境贸易的结算方式，从物物交换、差额找补逐步发展为现金结算，人民币因币值稳定得到周边国家居民广泛认可和接受，成为边贸主要计价货币和结算货币。边贸及人民币现金结算在中国与周边国家贸易往来中占据重要位置。1995 年，中老两国贸易总额跨越亿元大关，其中边贸约占两国贸易总额的 1/3；中越双边贸易额达到 20 亿美元，其中边境贸易为 5 亿美元，占到 1/4。

20 世纪 90 年代中后期，随着中老、中缅、中越边境贸易的活跃与发展，在边贸人民币现金结算的同时，中国与周边国家之间的人民币银行结算也得到了发展。中国工商银行、中国农业银行等金融机构与越南金融机构建立边贸结算合作关系，人民币与越南盾和美元一起成为中越边贸结算的主要货币。以云南省河口县为例，1998 年，中国农业银行河口县支行与越南农业银行互开账户用人民币进行边贸结算，结算额占双边边贸额的近 40%。尽管如此，这一时期的边贸现金结算在民间仍然大量存在。

21 世纪初，人民币逐步成为中国与老挝、缅甸、越南等中国西南周边国家之间边贸结算的首选货币。边贸结算除少量以货易货结算外，现钞结算、银行结算和"地摊银行"结算成为边贸结算的三种主要方式。中老边贸结算使用人民币现金和"地摊银行"结算的占比约 90%。中越边贸结算中银行结算的比例有所上升，"地摊银行"结算比例有所下降，这与越南于 2002 年 9 月出台的银行结算享受出口退税政策优惠以及中国自 2003 年 9 月实施《人民币银行结算账户管理办法》直接相关。人民币使用一度由边境区域辐射到越南河内、海防和胡志明市等内陆地区。

中缅边贸结算受益于 2003 年 8 月我国批准在云南省德宏州试点边境贸易出口人民币结算可享受按比例退税政策的支持，加之 2003 年美国联合欧盟、加拿大、澳大利亚及日本等地区和国家对缅甸进行严厉经济制裁。为应对制裁，缅甸商人协会与云南省德宏州瑞丽市姐告口岸协商用人民币进行结算。2004 年 10 月，云南省全面推行与周边国家边境小额贸易出口以人民币结算退税政策，边境小额贸易退税比例由 70% 上调至 100%，受此政策推动，2005~2008 年，云南边贸出口人民币结算占比一直保持在 90% 左右，人民币成为边贸结算主要货币。

2009 年 7 月 1 日，中国人民银行、财政部、商务部、海关总署、国家税务总局及中国银行业监督管理委员会共同发布实施《跨境贸易人民币结算试点管理办法》，自此开启跨境贸易人民币结算试点并逐步在全国推广实施，进一步促进了人民币在包括边境贸易在内的跨境贸易中的计价和结算。

（二）中国与老挝、缅甸、越南贸易与投资呈现增长趋势

如前所述，跨境贸易和投资带动是人民币在老挝、缅甸及越南等周边国家跨境使用的主要推动力。如图 4-1 所示，中国与三国贸易和投资长期保持了稳定增长态势，2014~2022 年，中国与老挝和缅甸商品进出口总值呈现小幅波动增长趋势，中国与越南之间的商品进出口总值逐年增长态势较为明显，中国与三国进出口总值总体呈现持续稳定增长态势。

此外，为配合跨境贸易人民币结算，便利银行业金融机构和境内机构开展境外直接投资人民币结算业务，中国人民银行于 2011 年 1 月颁布了《境外直接投资人民币结算试点管理办法》（以下简称《办法》）。该《办法》规定，银行和企业在核准的额度内，均可开展人民币境外直接投资。[①] 根据《中国对外直接投资统计公报》公布的相关数据，2009~2022 年，中国对老挝、缅甸及越南三国的直接投资总体上呈现上升趋势（见图 4-2）。

---

① 根据中国商务部统计，2011 年我国境内投资者共对全球 132 个国家和地区的 3391 家境外企业进行了非金融类对外直接投资，累计实现对外直接投资 600.7 亿美元，其中人民币境外直接投资规模为 201.5 亿元，按当年年末汇率计算，约占当年对外直接投资累计总额的 5%。

（万元人民币）

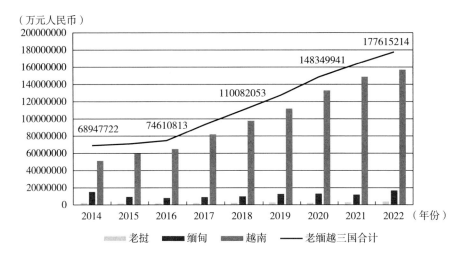

图 4-1　2014~2022 年中国与老挝、缅甸、越南进出口商品总值

资料来源：中华人民共和国海关总署官网。

（万美元）

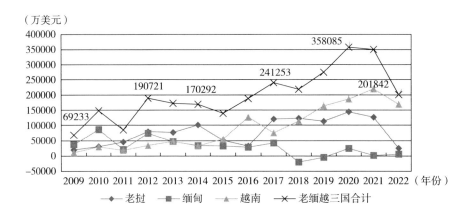

图 4-2　2009~2022 年中国对老挝、缅甸、越南及东盟投资流量

资料来源：2009~2022 年《中国对外直接投资统计公报》。

　　总体而言，2009 年以来，得益于较为长期的基于地缘优势的边境贸易持续发展基础，加之中国与东盟国家经贸合作的深化，以及中国政府先后出台跨境贸易人民币结算和跨境直接投资人民币结算有关政策，中国与老挝、缅甸和越南等周边国家进出口贸易和直接投资均呈现稳定增长态势，为进一步推进人民币周边国家使用和探索数字人民币业务创新提供了良好的贸易和投资基础。

（三）中国与老挝、缅甸、越南货币金融合作较为紧密

1. 人民币在三国边境地区普受欢迎

中国与老挝、缅甸及越南山水相连，民间人员往来与通商历史悠久，自20世纪90年代双边外交关系恢复以来，在边境贸易和人员交往过程中民间开始自发使用人民币，形成了双边边境沿线地区人民币自然流动区，地理范围一般为在边境一线70～180千米纵深的距离，最深可达300千米。在局部区域人民币甚至取代本币成为主要流通货币，比如在缅甸掸邦东部第四特区，特区政府财政预算和收支所使用的币种也是人民币。

2. 中国与三国宏观层面货币金融合作持续加强

近年来中国与老挝宏观货币金融合作进展较为迅速。2020年1月6日，中国人民银行与老挝银行（老挝中央银行）签署了双边本币合作协议，允许在两国已经放开的国际收支经常项下和资本项下交易中直接使用双方本币结算。2022年9月，中国人民银行与老挝银行签署了在老挝建立人民币清算安排的合作备忘录，以便于中老两国企业和金融机构使用人民币进行跨境交易，进一步促进双边贸易和投资便利化。

自2009年跨境贸易人民币结算政策正式实施以来，中缅双方在深化跨境贸易人民币结算、缅籍存款人账户管理、缅币汇率挂牌交易、一般贸易边贸专户结算、人民币代理结算（清算）账户开立、本外币兑换特许业务、建立并通过"绿色通道"调回在缅人民币现金存量等方面展开合作。中缅双方积极推动人民币与缅币兑换从"地摊银行"走向"官方渠道"。2015年3月，

中国瑞丽中缅货币兑换中心正式挂牌成立，成为全国首家中缅货币兑换中心，并发布"瑞丽指数"，在中缅边境地区以民间主导的"地摊银行"汇率之外，为人民币与缅币的货币兑换提供了官方参照汇率。2019年1月，缅甸中央银行将人民币增列为其官方结算货币，至此人民币和美元、欧元、新加坡元以及日元一起成为缅甸官方五种结算货币之一。2023年4月，中国云南德宏州人民政府与缅甸银行业协会就双边货币金融合作展开交流，就缅方银行机构加入人民币跨境支付系统（CIPS）、中缅双方银行互开同业存款账户、德宏—木姐两地银行间联合汇率报价、银行间本外币现钞调运、畅通结算渠道、丰富中缅贸易结算品种、开展金融标准交流合作、缅籍务工人员汇款等双方共同关心的多项内容进行了富有成效的广泛交流。

中越两国政府间货币金融方面的合作起步较早，早在1993年5月中国人民银行就与越南国家银行签订了双边贸易结算与合作协定，2013年，双方成立了金融与货币合作工作组，至今已在两国多地召开多次工作会议并取得工作成效，2022年11月，中越两国发布《进一步加强和深化中越全面战略合作伙伴关系的联合声明》，双方就深化经贸投资与金融合作相关事宜进一步达成了共识。

3. 中国与三国金融机构间的合作不断深化

中老双方金融机构合作涵盖合作组建机构、合作开展跨境金融业务等多种方式。2009年3月，中国农业银行云南省分行与老挝发展银行签订了边贸结算（清算）等三项协议，云南地方商业银行——富滇银行也积极参与到中老双方货币金融合作之中；2011年6月，富滇银行在全国首推老挝基普兑换人民币现汇交易业务；2014年1月，富滇银行和老挝大众外贸银行在老挝万象合资设立老中银行；2018年5月，富滇银行与老中银行首次合作开展双边本外币现钞跨境调运。中国其他金融机构也积极开展对老挝的金融合作，

2011 年以来，中国工商银行、中国银行等先后在老挝万象建立分支机构，并与老挝本土银行合作签署人民币清算协议，成为老挝人民币清算行。此外，以中老边境磨憨经济开发区建设、中老铁路建设与运营等为载体的跨境金融合作也较为紧密，中国银行提供了形式多样的金融产品，富滇银行通过金融创新，使中老铁路建设工人工资跨境携带便利。

中缅两国官方货币金融合作内容较为广泛。中国—东盟经贸合作深化、共建"一带一路"倡议实施及中缅经济走廊建设等为推动中缅两国之间货币金融合作提供了良好的政策基础。双边金融机构之间也开展了积极的合作探索，2009~2021 年，中国农业银行、中国建设银行和中国工商银行三家银行在云南省德宏州的分支机构先后与缅甸经济银行建立合作关系，签署《人民币代理结算协议》，缅甸经济银行也在这三家银行的云南德宏州分支机构开立同业往来账户。2020 年，富滇银行和缅甸伊洛瓦底农民发展银行签订战略合作协议及人民币账户代理清算服务协议。此外，中国人民银行、国家开发银行、中国进出口银行、中国出口信用保险公司、中国银行、中国银联、UPAY 支付公司、云南省商务厅、缅甸工商联合会、中国驻缅甸使馆、缅甸企业商会等政府部门、金融机构和行业协会等也在积极关注和参与中缅双边货币金融合作。

中越两国政府重要双边货币金融合作的开展使双边金融机构间的货币金融合作逐步深化。1997 年，中国农业银行云南省分行与越南农业与农村发展银行老街省分行签订了边境贸易结算业务合作协议；2002 年 8 月，双方进一步签订了运送人民币现钞协议；2003 年，中国农业银行云南省河口县支行获中国人民银行批准，在国内首家开展中越银行间人民币跨境调运业务。2009 年以后，随着跨境贸易人民币结算不断向前推进，中越金融机构间的跨境金融合作进一步得到深化。云南省红河州河口县积极开展跨境人民币业务创新，涉及跨境人民币融资、外币兑换特许业务、开立非居民账户（Non-Resident Account，NRA，即境内银行为境外机构开立境内外汇账户）、搭建越南盾现钞直供平台、开展越南盾和人民币现钞跨境调运等业务运行与创新。中国农业银行泛亚业务中心、中国建设银行泛亚跨境金融中心、中国银行沿边金融合作服务中心先后成立，积极开展人民币兑越南盾银行柜台挂牌交易业务。2012 年 6 月 28 日，中国农业银行云南省分行与越南湄公河三角洲房屋发展银行老街省分行签订《跨境贸易人民币结算协议》；2015 年，广发银行云南省红河分行办理了国内首笔人民币跨境直贷业务；2015 年 12 月，广西北部湾银行、越南农业与农村发展银行在中越边境口岸城市凭祥签订边贸结算合作协议；2023 年 5 月，中越银行业务合作促进交流会在云南省河口县举行，中国农业银行云南省分行与越南银行就中越贸易便利化、边境贸易结算等达成合作共识。中越金融机构金融合作向着持续深化的方向发展。

二、中国与老挝、缅甸、越南人员往来较为密切

中国云南与老挝、缅甸及越南地理毗邻、语言相通、民间习俗相近，从历史至今民间交往和人员流动从未停止。中老跨境人口流动主要分为劳务类、商务类、婚姻类、宗教类和"三非类"（非法入境、非法就业和非法居留的各类外籍人员）五种情形。一是劳务类跨境人口流动，主要由于中国东西部经济发展不均衡导致西部地区劳动力流向东南沿海地区，西部地区劳动力短缺吸引劳动力收入相对较低的老挝边民从老挝跨境流动到中国云南等西部省区从事劳务，这种形式的人口跨境流动既弥补了我国西部地区的劳动力不足，也提高了老挝边民收入。进入 21 世纪以后，老挝边民向中国单向流动成为中老边民流动的主要趋势。二是商务类跨境人口流动，主要来源于中老两国政府对边贸的支持政策推动双边人员从事贸易往来，具有人员数量多、流动最为频繁的特点。三是中老边民跨境通婚人口流动，中老边民跨境而居是双边跨境通婚的原因和结果，在边境这一特殊区域互相通婚、繁衍生息、共同生活是中老边境地区的长期社会现象，具有稳定的历史惯性。四是宗教类跨境人口流动，中老边民因宗教相似性较高，进而从老挝跨境到中国边境地区的僧侣构成了宗教类流动人口，成为中老边境流动人口中不可忽视的一个群体。五是"三非类"跨境人口流动。除此之外，中老铁路的建成和开通也成为中老跨境人口流动的重要渠道。自 2021 年 12 月 3 日中老铁路全线开通运营，截至 2023 年 8 月 16 日，中老铁路累计发送旅客 2009 万人次，其中国内段发送 1709 万人次，国外段发送 300 万人次，有效促进了口岸经济、跨境旅游、人文交流等。2022 年，老挝接待了 120 多万名国际游客，而 2023 年前 6 个月接待了 160 多万名国际游客。中国游客在老挝的国际游客数量中位列第五名。①

中缅边境沿线山水相连，村寨相通，无天然屏障，边境两侧世居民族同宗同源，族群关系密切，便利的地理联系和相通的人文环境使边境地区人口流动非常频繁。与中老跨境人口流动相似，中缅跨境人口流动以经商和务工人口流动为主，既包括走亲访友、临时务工、跨境婚姻等合法形式，也有偷渡和走私等跨国犯罪非法人口流动，流动人口的具体数量难以准确统计，仅以云南省德宏州瑞丽口岸为例，2018 年该口岸的合法出入境人数高达 1923 万人次。2023 年 1 月，瑞丽口岸成为全国第一批恢复客运通关的陆路口岸，截至 2023 年 9 月 8 日，瑞丽口岸出入境人数超过 203 万人次。②

中越跨境人口流动与中老、中缅类似，也大致包括边境贸易中的流动性商人群体、跨境婚姻、探亲访友、跨境务工人员、旅游以及"三非"流动人

---

① 资料来源：《温吞·考潘：中国游客在老挝国际游客中位列第五 | 聚焦 2023 国际山地旅游联盟年会》，百度，https：//baijiahao. baidu. com/s? id = 1777074526892082369&wfr = spider&for = pc，2023 年 9 月 15 日。

② 资料来源：《瑞丽口岸 2023 年出入境人员超 200 万人次》，光明网，https：//difang. gmw. cn/2023-09/12/content_36828221. htm，2023 年 9 月 12 日。

口。中越边境因赶集、用工、务工和亲缘关系建立起来的跨国流动人口网络，使双边各族群边民间不间断出现跨境流动人口高潮，比如"春节赶集潮""农忙用工潮""春节务工返乡潮""逢年过节探亲访友潮"等。

中国与老挝、缅甸、越南三国跨境人口的密切联系与当前我国数字人民币主要定位于零售支付相契合，人口跨境流动带来的跨境消费产生数字人民币支付需求，而数字人民币支付便利也会进一步促进跨境人口流动。

三、老挝、缅甸、越南数字化技术普及较快

在数字技术全球推广的背景下，老挝、缅甸及越南等周边国家数字化普及程度不断提高。截至 2023 年 1 月，老挝有 470 万名互联网用户，互联网普及率为 62.0%。全国有 335 万名社交媒体用户，共有 645 万个蜂窝移动连接处于活跃状态。考虑到老挝 12 岁及以下人口占比和 65 岁及以上人口占比，互联网在老挝普及程度较高，全社会具备了较好的数字化基础。①

缅甸政府重视实现国家数字化转型发展，专门成立了数字经济发展委员会，并发布了国家数字经济发展路线图，将重点推进教育、卫生保健、农业渔业和牲畜业、旅游和酒店、制造业和中小企业、金融服务、技术和创业生态系统、数字贸易、运输和物流九大领域的数字化进程。缅甸中央银行也在大力推动数字化支付发展，倡导民众逐步减少纸币支付。缅甸伊洛瓦底银行、缅甸公民银行、亚洲绿色发展银行、甘勃扎银行、联合阿玛拉银行等多家商业银行已开通了数字化支付业务，为用户提供多种支付选择。

2019 年 9 月，越共中央政治局第 52 号决议提出数字强国战略，被外界称为越南"推动国家数字化转型的钥匙"。2020 年是越南实现国家数字化转

---

① 根据老挝资讯网数据，截至 2023 年 1 月，老挝总人口约为 758 万人，12 岁及以下人口占比约为 26.5%，65 岁及以上人口占比约为 4.5%。

型重要的一年，同年 6 月，越南政府颁布了《至 2025 年国家数字化转型计划及 2030 年发展方向》。2021 年 1 月 26 日，越共第十三届全国代表大会报告明确提出：加大国家数字化建设，发展数字化经济和数字化社会；加大国家数字化转型力度，在数字化经济和数字化社会发展中实现突破，提高经济的产能、质量、效率和竞争力；重视发展信息传媒产业基础设施，为国家数字化创造基础，逐步发展数字化经济、数字化社会等重要政策主张，标志着数字强国战略成为越南国家战略。越南数字化战略的提出和推进，促进了越南电子商务的快速发展，2021 年越南电子商务规模超过 160 亿美元，增速达到 20% 以上，预计到 2025 年越南电子商务市场价值将达到 390 亿美元①，体现出越南数字化转型和数字强国战略的巨大发展潜力。

---

① 资料来源：《亚洲跨境新出口：亚马逊印度累计出口超 50 亿美元》，网易，https：//m. 163. com/dy/article/H7NS1DSQ0514CA4V. html，2022 年 5 月 19 日。

第五章

人民币在老挝、缅甸、越南等
周边国家跨境使用的深化路径与建议

货币国际化与货币周边使用的本质是货币越过国境在他国或者地区充当价值尺度、交易媒介及价值储藏手段，即在国境外发挥贸易货币、投资货币及储藏货币职能。越南、老挝和柬埔寨等周边国家美元化的典型经历也表明，对外贸易依存度与外商直接投资净流入是影响越南、老挝、柬埔寨三国美元化升高的主要因素。人民币在老挝、缅甸及越南等周边国家的跨境使用发端于边境贸易的人民币结算需求，得益于中国对周边国家的投资推动，出现了周边国家将人民币纳为储备货币的态势。综合上述三个层面，货币国际使用的理论、国际经验以及人民币境外使用的经历本身均揭示出，在中国周边国家进一步深化人民币使用的可行路径依然是基于货币的内在职能，增强周边国家对人民币的真实使用需求，形成人民币作为区域贸易货币、投资货币、储备货币的多层面全方位渐进持续深化路径。

第一节 推进人民币在老挝、缅甸、越南等周边国家跨境使用的路径规划

一、贸易货币路径规划

（一）夯实推进人民币周边使用的贸易基础

充分利用《区域全面经济伙伴关系协定》（Regional Comprehensive Economic Partnership，RCEP）①，将中国（云南）与老挝、缅甸、越南三国的技术、资源和市场优势紧密结合，夯实推进人民币跨境使用的贸易基础。国家应进一步支持云南充分利用好共同建设边境经济合作区、经济特区和产业园区的机遇，推进与老挝、缅甸、越南三国的产业合作，特别是在高原特色农业、制造业领域的合作。加大劳动密集型产业上的合作，为三国民众提供就业机会。合作推进三国进口替代型产业发展，加快推进工业化进程，增强三国经济应对外部冲击的能力。

（二）推进农产品、矿产及水电等大宗跨境商品贸易人民币计价与结算

坚定推进经常项下的人民币跨境使用，对于我国具有技术优势且出口产品替代性较低的行业，可积极推进人民币计价结算。在大宗商品市场领域，充分发挥市场需求优势，加大人民币定价谈判能力。支持云南进一步规范农产品边境贸易，明确农产品检验检疫流程。继续与三国开展现代农业领域的合作，发展农产品加工业，提升附加价值，为区域和国际市场提供绿色、优质的农产品。加强在农机生产、农产品仓储和物流、农业示范产业园建设、农业技术推广和培训、供求信息数据平台建设等领域的合作，为农业发展和农产品贸易提供有力支撑。随着云南与三国在农产品方面合作体量的加大，有望在局部推进人民币在大宗商品定价上的计价货币功能。此外还可在原油、铁矿、橡胶及天然气等大宗商品交易中推进人民币计价与结算。

（三）占据以跨境电商等线上支付为平台的数字人民币国际化先机

国家支持云南深化昆明跨境电商综合试验区改革创新成果，复制推广中国银行跨境电商综合金融服务方案，为跨境电商提供全方位金融服务，在帮助企业更好地融入全球资金链、价值链、产业链过程中拓展"互联网+外贸+

---

① RCEP 是由东盟十国发起，邀请中国、日本、韩国、澳大利亚、新西兰、印度共同参加的协定。该协定通过削减关税及非关税壁垒，建立 16 国统一市场的自由贸易协定。

人民币"的人民币国际化新路径。

（四）建设跨境人民币现钞调剂中心

在持续推进人民币与周边国家货币直接挂牌交易和在周边国家建立人民币清算行的基础上，鉴于一些周边国家目前依然处于依赖现钞交易的发展阶段，在现有周边国家货币直供渠道基础上，加强中央银行和商业银行的合作，支持云南建设面向越南、老挝、缅甸三国，辐射东南亚和南亚国家的人民币与非国际储备货币现钞调剂中心，由此既保障周边国家现钞结算需求，也促进境外人民币安全有序回流。

（五）以产融示范自贸区建设夯实人民币贸易货币的产业基础

支持中国（云南）自贸试验区发挥制度创新优势，基于云南高端制造业、空铁物流、数字经济以及高原特色农业等优势特色产业发展基础，鼓励自贸区贸易便利化金融服务创新，助力云南提高重点产业区域竞争能力，实现云南打造面向南亚和东南亚地区高端制造创新发展基地、服务全省、连通国内、辐射南亚和东南亚的空铁物流产业核心区、跨境数字经济高地以及高原特色现代农业国际化发展示范区等产业发展目标，夯实人民币作为贸易货币推进周边使用的产业基础。

二、投资货币路径规划

（一）增加人民币计价资产的供给额度和产品种类

人民币投资渠道受限是影响海外企业人民币需求的重要因素，尤其对于一些欠发达且缺少双边货币互换机制的地区而言，获取和使用人民币的渠道局限于进出口交易，既难以在本国金融机构实现人民币和本币的兑换，积攒的人民币资产也缺乏有吸引力的投资途径。因此，面对已经存在其他主导型外币的国际市场，推进人民币计价和结算需要提供足以克服转换成本的经济收益，比如使用人民币能够加深其与中国市场的贸易联系，能够方便地持有人民币资产并获得贸易以外的金融收益，以人民币进行国际业务结算能够避免不公正的金融制裁等。应进一步丰富并创新人民币信贷、股权、债券产品，使投资者可以选择多元化投资及风险对冲工具。一方面，提高投资离岸金融产品的便利化水平；另一方面，畅通离岸人民币的供给和回流机制。应进一步加快简化境外投资者进入中国市场投资的程序，丰富可投资的资产准备，完善数据披露，持续改善营商环境，不断提升投资中国市场的便利性，为境外投资者投资中国市场创造更有利的环境，增强人民币和人民币资产的国际吸引力。

（二）追求更高水平的资本市场开放

更加开放、透明和成熟的资本市场有利于长期保留外国投资，这是人民币流动的主要驱动力。一方面，随着人民币国际化水平的提高，境外主体持有的人民币逐步增加，投资境内金融市场的需求日益强烈，促进了市场的开放和完善；另一方面，国内金融市场快速发展，提高了人民币金融资产的吸引力，反过来又促进了人民币可自由交易和跨境使用程度。从具体措施上来看：

（1）深入推动汇率和利率市场化改革，加强预期管理，不断发挥市场价格信号对资源配置和跨境资本流动的引导效应。

（2）继续稳步开放金融市场和发展多层次资本市场，创新境内外人民币投融资产品体系，不断增强市场深度和广度，进一步提升人民币可自由使用程度。鼓励境外主权财富基金、资管机构投资境内人民币债券、股票等资产，进一步完善投资人保护机制，提高相关渠道便利性。应加速金融市场的制度型开放，扩大外汇和金融市场开放、降低准入程度，为投融资创造更加友好和便利的环境。通过扩大国内金融市场规模、丰富金融产品种类、创新投融资渠道、提高金融市场流动性以及巩固金融市场管理，来健全金融市场体系。通过提高金融市场的开放度，构建与国际规则匹配的金融市场运作体系，并在此基础上稳步实现资本账户开放，以稳慎的方式循序渐进扩大外汇市场、衍生品市场以及银行间市场的开放。

（3）应加快"熊猫债"市场基础制度建设，扩大"熊猫债"在共建"一带一路"项目中的应用。"熊猫债"是以人民币计价的国际债券，既能够为共建"一带一路"项目提供不同期限结构和规模需求的资金，也能够促进人民币作为计价单位、交易媒介和价值储藏工具在共建"一带一路"国家和地区的使用，推动人民币国际化。此外，中国发行央行数字货币也将有助于提升人民币的国际地位。如果中国央行数字货币能够跨境使用，那么将会对人民币国际地位的提升起到巨大推动效果。

（三）有针对性地提高人民币贷款在共建"一带一路"倡议、RCEP及我国参与的多个区域经济区域一体化项目中的使用

共建"一带一路"倡议的实施丰富了人民币周边化乃至国际化的路径选择，人民币周边使用及国际化在"贸易结算"结合"离岸市场"基础上，增加了企业"走出去"并行"人民币资本输出"路径，人民币周边国际化实现贸易和投资双轮驱动。就此路径而言，未来主要有三大改革重点：一是创新金融合作模式，在共建"一带一路"国家发展人民币离岸市场。共建"一带一路"需要大规模的长期资金支持，构建人民币离岸金融市场，能够更好地服务人民币出境后的使用与管理，并引导境外人民币金融产品定价，这是人民币国际化的必要过程。二是结合人民币国际化进程，有针对性和差别化地对共建"一带一路"项目提供人民币贷款支持。此外，还应加强国内金融机构之间的协调机制，避免因过度竞争而消耗中国自身的金融资源。三是加大人民币在"出口买方信贷"中的运用。中国是世界第一大贸易国，出口体量

庞大。随着人民币加入 SDR 和境内金融市场对外开放程度加深，已经具备提高人民币在出口信贷中的比重的条件，这既能够规避企业出口面临的汇率风险，还可以稳步推动人民币国际化。

三、储备货币路径规划

（一）努力提升 SDR 货币篮子权重，提升人民币作为储备货币的占比

人民币在 SDR 货币篮子中份额提升，有助于推动人民币国际化稳步发展。一方面，过去几年人民币在全球外汇储备库和外汇交易中使用份额增加，带动人民币在 SDR 货币篮子中份额提升。另一方面，人民币在 SDR 货币篮子中的权重不断上升也意味着人民币可自由使用程度不断提高，即人民币在外汇储备、外汇交易、国际银行业负债和国际债务证券中的占比不断提高。人民币在国际贸易、外汇储备、全球外汇交易、投融资中的使用更加广泛，人民币更加受欢迎，人民币在国际支付结算、储备与投融资方面发挥的作用越来越大，这些方面都将促进人民币作为储备货币的国际使用。

（二）探索建立人民币对周边国家货币跨境离岸业务中心

在昆明跨境人民币结算中心和已初步构建的以银行间市场区域交易为支撑、银行柜台交易为基础、特许兑换为补充的全方位、多层次人民币与周边国家货币区域性货币交易"云南模式"基础上，建立人民币对周边国家货币跨境离岸业务中心，培育由驻滇金融机构、云南地方金融机构、外贸企业及周边国家金融机构及其在滇分支机构为市场主体的人民币与周边国家货币汇兑、交易、调剂、投资与储备机制，为居民和非居民企业提供全面的跨境资金汇兑、结算、投融资服务，提供人民币安全出入境通道，建立人民币与周边国家货币汇率协调机制，使人民币与周边国家汇率定价规范、透明、符合国际金融准则，逐步掌握汇率定价的主动权和话语权，不断扩大人民币的区域影响力。

（三）尝试将周边国家纳入人民币流动性安排（RMBLA）

中国人民银行和国际清算银行（BIS）共同发起了人民币流动性安排（RMB Liquidity Arrangement，RMBLA）。初期除了中国人民银行外，创始机构包括马来西亚、印度尼西亚、新加坡、智利和中国香港地区的货币当局。根据相关规定，参与机构将投入不少于 150 亿元人民币或等值美元，为遭遇流动性困难甚至货币金融危机的国家提供人民币贷款。这是中国在全球金融安全网建设方面对世界做出的一个重要贡献。中国西南周边国家潜在债务风险较大，本币币值不够稳定，面临较大的流动性困难，不排除一部分国家会陷入债务危机。由于 IMF 能够提供的流动性贷款金额相对不足，其他形式的国际流动性支持规模也十分有限，人民币流动性安排可以在一定程度上提供补充，这方面的努力将是中国为周边区域经济金融稳定做出贡献的重要途径，也将有助于提升人民币在周边国家的"锚货币"地位，最终促进周边国家增加人民币储备。

（四）推动与周边国家货币互换，促进人民币储备货币功能实现

货币互换除了促进双边贸易、发展区域经济等作用，最主要的作用还是让两国之间的贸易往来可以绕开第三方货币、直接使用双边本币进行结算和支付。中国通过与周边国家加强货币互换，能够使双边经贸往来可以直接使用对方货币而不必通过美元，不仅有利于降低本币兑美元的交易摩擦费用，而且可以减少"美元潮汐"对周边国家经济的冲击。从人民币储备货币功能发挥角度来讲，中国与周边国家货币互换关系的长期发展，就会促进周边贸易伙伴国外汇储备中人民币比重提升。如今，人民币更多地依靠政府推动的货币互换协议成为结算货币以及储备货币。因此，除了从经济上考虑人民币作为储备货币的前景，还要从政治上衡量影响储备货币选择的因素。政治因素包括该国和中国的外交关系、该国内部政治局势、该国受到的域外干预，以及世界形势等。此外，最重要的是各国对共建"一带一路"倡议的认知和采取的行动，因为其他

的政治因素都反映在各国对共建"一带一路"倡议的态度上，而共建"一带一路"倡议又是促进人民币国际化的重要依托载体之一，并关系到人民币的使用量、影响力和最终能否转化为储备货币选择。总的来看，最易接受人民币成为储备货币的老挝，由于人口数量少，经济体量小，对人民币的管制最松，但其能将人民币作为储备货币的容量有限；越南经济体量是老挝的近20倍，但对人民币没有完全开放，故推进难度更大；缅甸和越南一样，没有完全对人民币开放，在缅甸推进人民币作为储备货币的难度居于两者之间。

第二节　相关政策建议

一、夯实有利于人民币周边国家跨境使用的经济基础和产业实力

（一）提高外向型经济体量，强化人民币走出去的支撑力

一是切实提升外向型经济发展与地方金融发展的良性互动能力。发挥总部经济与外向型特色产业基地建设的辐射和扩散效应，促进金融基础设施利用效率的提升和建设规模的扩大，形成金融发展与经济增长良性互动的循环。二是积极拓展对外贸易与投资伙伴国。在保持并不断完善与缅甸、老挝等现有主要伙伴国贸易投资关系的基础上，积极培育新的贸易投资伙伴国，有效拓展对外贸易与投资的发展空间。三是强化与共建"一带一路"国家和地区的对外贸易和直接投资，形成境外人民币经济圈。充分抓住共建"一带一路"倡议和RCEP契机，通过深化与周边国家及共建"一带一路"国家和地区的双边（多边）经济合作，在对外贸易和对外直接投资时更多采用人民币

结算、计价的方式，增加贸易和投资领域的人民币结算和扩大融资规模，扩大人民币在周边国家和地区的影响力，逐步形成人民币贸易和投资经济圈。

（二）做强优势产业，发挥企业驱动人民币周边跨境使用的市场作用机制

一是提高企业竞争优势。打造具有区域国际影响力的企业品牌，增强企业以人民币计价和结算的话语权，发挥企业驱动人民币周边使用的市场机制作用。二是发挥政府引导作用。通过制定一系列以数字人民币为基础的扶持政策和奖励政策，包括财政支持、专项基金等，使在促进优势产业发展和创新的同时，鼓励企业使用数字人民币展开贸易往来，搭建数字人民币营商环境。三是依托云南毗邻老挝、缅甸、越南的区位优势，奠定人民币（数字人民币）国内国际双循环基础。国家支持云南充分利用承接京津冀、长三角、成渝地区双城经济圈等国内重要经济区的重要交通枢纽，以及建设面向南亚、东南亚辐射中心的两点定位，做大做强优势产业，实现以优势产业为龙头的出口产品结构升级优化，以云南优势产业（绿色产业）为核心打造"云南+周边+金融"的优势产业跨境全产业链集群，进而在企业周边化和产业链周边延伸拓展的过程中，助力实现人民币周边国际化。

（三）吸引培育金融科技企业，减少人民币周边跨境使用的技术壁垒

一是引入金融科技领先企业。立足云南省昆明市作为区域性国际中心城市定位，面向深圳、上海等前沿国际都市，吸引金融科技领先企业入驻昆明，打造金融科技产业生态体系，建设区域特色金融科技中心，推动银行、券商、保险及其他金融机构与金融科技企业的链接互动，为企业提供多元化的数字人民币周边跨境金融服务支持。二是培育能够服务区域的国际化金融科技企业。依托云南沿边的信息便利和区位优势，围绕金融科技赋能产业、科技成果转化支持等业务主线，搭建具有沿边地方特色的金融科技服务平台，以此发挥平台"孵化器"和"加速器"功能，培育具有区域国际特色的金融科技

类企业，助力数字人民币周边跨境使用相关技术突破，防控金融风险发生，为人民币在周边国家跨境使用保驾护航。三是增强金融科技类企业竞争能力。鼓励金融科技类企业"走出去"推广宣传，通过产品应用、技术合作等方式与国际机构联动，扩大人民币在周边国家的区域影响力和提高认可度。

（四）深化地方金融改革，提升金融产业在周边国家的国际竞争力

一是加大地方金融机构改革力度。加快推进富滇银行等地方金融机构改革发展，增加地方金融总量与提升竞争力。支持地方金融机构加大在沿边区域的网点设置，有效增加沿边区域金融资源供给。二是推动中央驻滇金融机构区域均衡发展。鼓励中央驻滇金融机构在不同地区特别是沿边地区设立特色金融业务试验区，促进金融资源区域均衡发展，推动沿边金融业务创新。三是提升金融"引进来"水平。推动周边国家银行来滇设立分支机构，吸引南亚和东南亚地区中央银行和国际金融组织在滇设立代表处。四是提升沿边金融服务水平。支持德宏州、红河州、西双版纳州及文山州等沿边州市依托口岸优势，结合实际将现有政策"集合创新"，用好用足现有金融政策工具，有效提升沿边金融服务水平。

二、完善人民币周边国家跨境使用的制度基础

（一）确保数字货币法偿地位，出台与人民币周边跨境使用相关的法律制度和监管体系

基础性法律法规是支持数字人民币跨境使用的底层逻辑，是赋能法偿属性的坚实保障。一是中央搭建顶层设计，从法律层面出台有关跨境数字人民币的法规条例。明确跨境数字人民币的合法地位、业务范围、汇兑管理等多重要素。二是将数字人民币国际化纳入战略布局，加快数字人民币批发型功能研发，并出台与之配套的引导政策和完善相关金融基础设施，以便满足国

际金融机构间支付清算需求，构建为人民币与数字人民币金融耦合机制。三是制定跨境数字人民币监管体系。成立专业化监管部门，明确各部门职责权利，制定跨境数字人民币风险评价体系，构建大数据动态监测预警体系。四是设立主体明晰的国内外准入门槛和机构监督机制，确保数字人民币在周边国家跨境使用风险可控。

（二）共建金融合作共同体，建设以人民币为主导的周边区域货币政策协调机制和平台

历史经验表明，每一次主要国际货币的更替都导致国际政策协调的发展演变，新兴国际货币都拥有自己主导的国际政策协调机制和平台。一是保障宏观政策实现预期效果。秉持互利共赢原则，政府高层将数字人民币引入与中国西南周边国家的贸易政策、货币政策作为协调重点内容，通过同周边国家建立定期的政策沟通和协调机制，减轻政策溢出效应带来的负面影响和不确定性。二是厘清业务操作流程。在尊重各国货币主权基础上，通过推进双边合作、区域合作，围绕安全管理机制、业务服务平台、金融机构合作模式等问题展开协商，落实涉及人民币（数字人民币）支付、结算、汇兑等管理条例，搭建区域货币和数字货币合作区，一致培育货币金融合作共同体意识。三是主动融入国际标准体系建设，实现各国数字货币的交互操作。与周边国家共建技术研发团队，将多国数字货币兼容，通过协商标准协议、统一数据格式等，便利国家间数字货币往来自由。四是双边国家授予跨境执法权限。通过与中国西南周边国家监督管理机构合作执法，建立大数据信息共享平台，支持双方信息互联互通，减少反洗钱、反逃税等事件发生。

（三）推进与中国西南周边国家的货币互换，为人民币周边跨境使用提供便利来源

尽快与中国西南周边国家签订货币互换协议，加大货币互换规模。截至

2023 年 8 月，除了老挝以外，缅甸、越南尚未与中国签署货币互换协议。由于双边国家无双边货币外汇储备或储备规模有限，目前很多贸易与投资均是先在中国国内换成美元，到周边国家境内后又换成本国货币进行投资和交易。为此，企业不仅需要承担货币兑换费用，还面临汇率波动风险。两国签订货币互换协议后，在本币互换额度内的贸易与直接投资都可以在中国人民银行直接兑换为对方国家货币，从而减少跨境贸易与投资的成本和风险。进一步地，货币互换意味着周边国家中央银行将持有一定规模的人民币外汇储备，有利于人民币国际储备货币功能的发展。因此，应积极推进与周边国家签署本币互换协议，并试行数字人民币兑换服务，促进人民币支付、计价和储备等国际货币职能拓展。

（四）立足沿边区位优势，建设人民币对周边国家货币银行间区域交易市场

一是将人民币对中国西南周边国家货币区域交易列为人民币对非主要国际储备货币交易试点，由中国外汇交易中心指导建设。二是发展一批人民币对中国西南周边国家货币交易境外报价行和中国银行间外汇市场会员，开展人民币对周边国家小币种境外直接报价及交易。三是支持双边商业银行通过银行间区域交易市场开展境内外商业银行联动的跨境人民币业务创新，鼓励有条件的商业银行培育人民币和中国西南周边国家货币之间的直接报价机制。目前，富滇银行已经可以每日对人民币与老挝基普进行直接报价，中国银行万象分行有成为报价行的积极意愿。四是建立人民币与中国西南周边国家货币区域直接交易市场，让人民币对周边国家货币能够进入银行间市场区域交易，实现人民币与周边国家货币的直接兑换，有利于形成透明的人民币对周边国家货币的直接兑换汇率，帮助市场主体规避汇率风险、降低交易成本，进一步促进人民币在双边贸易和投资中的使用。

三、加强人民币周边国家跨境金融基础设施建设

（一）加强技术创新研发，推进以人民币跨境支付系统（CIPS）为基础的人民币清算和结算网络建设

人民币国际化需要强大基础设施的支撑。尽管人民币跨境支付系统已投入使用，但是参与机构、处理业务量不及预期，存在业务种类相对单一、证券清算结算体系割裂、交易流程和政策与国际惯例没有统一对接等问题，CIPS 在货币政策传导、资金周转优化、金融监管和经济预测等方面尚存在短板，亟待以 CIPS 为基础全面完善和升级中国与周边国家跨境人民币支付、清算系统。一是加大力度向中国西南周边国家和地区宣传、对接人民币跨境支付系统，推进人民币跨境支付系统在周边国家的延伸使用。二是制定促进数字人民币支付的优惠、减税等政策，推进以人民币跨境支付系统为基础的数字化人民币结算、清算系统升级，加快数字钱包融入系统。三是针对金融基础设施建设以及制度设计较为薄弱的中国西南周边国家，支持云南发挥毗邻优势，加大对这些国家相关部门的金融培训和信息技术支持力度，并适时嵌入区块链、数字技术，为跨境人民币结算提效增益，促进人民币、数字人民币在周边国家贸易和投资中落地。

（二）建设面向老挝、缅甸、越南三国，辐射东南亚和南亚国家的人民币与非国际储备货币现钞调剂中心

考虑到一些周边国家目前依然处于依赖现钞交易的发展阶段，可以在现有中国西南周边国家货币直供渠道的基础上，进一步建成面向越南、老挝、缅甸三国，辐射东南亚和南亚国家的非国际储备货币现钞调剂中心，扩大现钞调运资金规模，既保障中国西南周边国家的现钞调运需求，也促进人民币安全有序回流。鼓励继续开展云南与中国西南周边国家商业银行间的人民币

现钞跨境调运。目前，人民币现钞跨境调运业务已经在中老、中泰两国银行间开展，但还不能满足日益增长的人民币现钞需求。继续将该业务规模做大，发展成专业化、流程化的资金调运产品，将有利于增强人民币在中国西南周边国家的流通性与认可度，有力提升人民币在中国西南周边国家的市场地位和国际声誉。

（三）改善中国西南周边国家金融基础设施水平，试点探索以金融援助促合作的对外援助新模式

提供低息贷款、援建或合资共建银行结算系统和证券市场等金融基础设施等金融援助是美、日、欧等国家对东南亚各国实施影响的重要形式，尤需引起中国重视。可以周边国家为试点，探索以金融援助促进周边合作、稳固中国周边影响力的对外援助新模式。一是基于中国协助周边国家基础设施建设、产能合作等领域产生的潜在巨额需求，利用中国国家开发银行、亚洲基础设施投资银行等开发性金融机构提供人民币融资。二是通过提供咨询、帮助设计、援助建设周边国家银行结算清算体系、证券交易体系等核心金融基础设施，帮助其建立健全国家支付体系，提高其金融现代化程度。三是设立数字人民币援助基金，向周边国家提供无偿援助、无息贷款和优惠贷款，鼓励周边国家使用数字人民币进行支付交易。四是通过资金支持、人员培训和技术支持，帮助周边国家解决金融制度薄弱和金融管理水平不高的困难，切实改善其金融服务水平。

（四）推动中方金融机构在周边国家多点布局，增强人民币网络效应

一是国家金融监管部门鼓励支持国内金融机构"走出去"，依法合规在周边国家开设机构、布局网点，拓展境外市场。二是支持国家金融监管部门积极与周边国家金融监管部门进行政策沟通，争取周边国家政府扩大中资金融机构在该国设立分支机构和在不同城市与地区进一步开立分支银行的权限，

以便更大程度满足双边企业业务开展对人民币业务的需求。三是加快争取与缅甸、越南签署建立人民币清算安排的合作备忘录，布局人民币清算行，构建多层次人民币清算渠道。四是支持支付宝、微信与当地主流跨境支付系统合作，将数字钱包植入平台，借助两大平台在周边国家的客户群体，拓展数字人民币 B2B、C2B 境外市场。五是数字人民币面向周边国家跨境使用，围绕"边境—内陆"的发展路径，采取逐步试点、层层推进的方式，从边境、跨境经济合作区为出发点，到与他国内陆共同开发合作区、产业园等推进数字人民币使用，由点及面辐射周边区域。

四、持续推动中国（云南）自贸试验区金融创新

（一）加大金融对外开放，争取资本项下自由兑换创新试点政策

一是进一步加大云南对周边国家直接投资。云南企业对周边国家投资有利于降低企业生产成本，稳定原材料来源，扩大销售市场范围。以自贸试验区核心产业集群为龙头的境外直接投资还有利于形成稳定的区域产业分工体系，构建有利于我国走向价值链高端的国际贸易链体系和价值链体系。同时，要巩固和完善现有对外直接投资结构，使产业由单一走向丰富，使国别由高度集中走向多元，不断拓展云南对外直接投资的发展空间。二是争取资本与金融项下跨境人民币业务创新试点。在巩固人民币经常项下结算试点的基础上，以自贸试验区金融创新为依托，将试点向资本和金融项下人民币结算延伸，扩大跨境人民币双向贷款和双向资金池业务覆盖面，推进跨境双向人民币债券、跨境双向股权投资和跨境金融资产转让等业务试点，助力资本项下的人民币跨境循环。

（二）适当放宽准入门槛，便利外资金融机构入驻自贸试验区

中国西南周边国家银行等金融机构虽有意愿在昆明设立分支机构，但由

于其经营规模普遍较小，达不到中国金融监管机构设定的准入标准。鉴于此，一是国家相关监管机构政策支持云南自贸试验区加强金融机构建设，适当放宽外资金融机构准入门槛和沿边区域民营银行设立条件。二是鼓励设立消费金融公司、地方商业银行理财子公司等非银行金融机构，不断丰富跨境金融和沿边金融服务体系。三是降低或取消如注册资本等规模类指标的准入要求，仅以资本充足率、不良贷款率和盈利能力等相对值指标作为对周边国家银行等金融机构准入和监管的重点。

（三）依托自贸区"试验田"属性，鼓励跨境人民币创新业务先试先行

一是支持企业境外母公司按照有关规定在境内发行人民币债券。支持金融机构和企业按规定从境外融入人民币资金。依法依规开展人民币海外基金业务。二是促进跨境投融资便利化。支持银行业金融机构按规定开展跨境融资业务。允许银行和已获相应业务许可的非银行支付机构通过具备合法资质的清算机构与境外银行、支付机构开展跨境支付合作。放宽跨国公司外汇资金集中运营管理准入条件。三是支持金融租赁公司和融资租赁公司在符合相关规定前提下，开展境内外租赁业务。四是对符合云南省跨境人民币自律组织评选条件的企业，自贸试验区内银行可在"展业三原则"基础上，凭企业收付款指令直接办理跨境贸易人民币结算业务，直接办理在外商直接投资、跨境融资和境外上市募集资金调回等业务下的跨境人民币收入在境内支付使用。五是支持符合条件的跨国公司开展跨境资金集中运营业务，集中运营管理境内外资金，办理外债和境外放款额度集中管理、经常项目资金集中收付和轧差净额结算等业务。

（四）明确各区功能定位，探索跨境数字人民币应用场景

一是云南自贸区昆明片区充分利用自贸试验区、经济开发区、综合保税区、跨境合作区的"四区"叠加优势，吸引周边国家人流、物流、资金流等

资源集聚，打造服务南亚和东南亚国家的区域国际数字金融中心。二是云南自贸区红河片区加强与红河综合保税区、蒙自经济技术开发区联动发展，重点发展跨境电商产业，加快建设商贸物流中心，完善升级边境贸易服务中心，探索建立以跨境为核心的数字人民币金融服务中心。三是云南自贸区德宏片区积极创新"数字金融+免税购物"的发展模式，参考海南自贸港的已有经验，在瑞丽口岸免税店、畹町免税店探索开展数字人民币免税购物支付场景应用。

参考文献

［1］ Bacchetta P, Van Wincoop E. A Theory of the Currency Denomination of International Trade ［J］. Journal of International Economics, 2005, 67 (2): 295-319.

［2］ Bayoumi T, Eichengreen B. One Money or Many? On Analyzing the Prospects for Monetary Unification in Various Parts of the World ［R］. CIDER Working Papers 233213, Unversity of California-Berkeley, Department of Economics, 1993.

［3］ Bayoumi T, Eichengreen B. Shocking Aspects of European Monetary Unification ［R］. Research Papers in Economics, 1992.

［4］ Blanchard O J, Quah D. The Dynamic Effects of Aggregate Demand and Supply Disturbances: Reply ［J］. The American Economic Review, 1993, 83 (3): 653-658.

［5］ Bordo M D, Choudhri E U. Currency Substitution and the Demand for Money: Some Evidence for Canada ［J］. Journal of Money, Credit and Banking, 1982, 14 (1): 48-57.

［6］ Boros E, Sztanó G. Rising Regional Importance of the Renminbi in the

Asia-Pacific Area: A Panel Analysis [C]. 36th International ECMS Conference on Modelling and Simulation, ECMS 2022. 2022: 64-69.

[7] Cai W. Determinants of the Renminbi Anchor Effect: From the Perspective of the Belt and Road Initiative [J]. International Journal of Finance & Economics, 2022, 27 (3): 3421-3433.

[8] Campa J, Goldberg L. Exchange Rate Pass-through into Import Prices [J]. Review of Economics and Statistics, 2005, 87 (4): 679-690.

[9] Chao C C. Actual Intervention and Verbal Intervention in the Chinese RMB Exchange Rate [J]. Reviews of Economics & Finance, 2016, 43 (3): 499-508.

[10] Chaum D. Blind Signatures for Untraceable Payments [C]. Advances in Cryptology: Proc. Crypto 82, 1983.

[11] Chen C. Diversified Currency Holdings and Flexible Exchange Rates [J]. The Quarterly Journal of Economics, 1973, 87 (1): 96-111.

[12] Chen Y. Toward a Core Country: China's Grand Financial Strategy and Development Path [C]. Beijing: Renmin University of China, 2013.

[13] Chetty V K. On Measuring the Nearness of Near-Moneys [J]. The American Economic Review, 1969, 59 (3): 270-281.

[14] Chey H. Can the Renminbi Rise as a Global Currency? The Political Economy of Currency Internationalization [J]. Asian Survey, 2013, 53 (2): 348-368.

[15] Chinn M, Frankel J. Will the Euro Eventually Surpass the Dollar as Leading International Reserve Currency? [R]. NBER Working Paper, 2005, No. 11510.

[16] Cohen B J. The Benefits and Costs of an International Currency: Getting

the Calculus Right [J]. Open Economics Review, 2012 (1): 13-31.

[17] Cohen B. The Future of Sterling as an International Currency [M]. New York: St. Martin's Press, 1971.

[18] Corsetti G, Pesenti P. International Dimensions of Optimal Monetary Policy [J]. Journal of Monetary Economics, 2005, 52 (2): 281-305.

[19] Cui Y. The Internationalization of the RMB: Where Does the RMB Currently Stand in the Process of Internationalization [J]. Asian-Pacific Economic Literature, 2013, 27 (2): 68-85.

[20] De Grauwe P, Vanhaverbeke W. Is Europe an Optimum Currency Area? Evidence from Regional Data [R]. CEPR Discussion Papers, 1991.

[21] De Nicoló G, Honohan P, Ize A. Dollarization of Bank Deposits: Causes and Consequences [J]. Journal of Banking & Finance, 2005, 29 (7): 1697-1727.

[22] Donnenfeld S, Haug A. Currency Invoicing in International Trade: An Empirical Investigation [J]. Review of International Economics, 2003, 11 (2): 332-345.

[23] Donnenfeld S, Haug A. Currency In - voicing of US Imports [J]. International Journal of Finance & Economics, 2008, 13 (2): 184-198.

[24] Dowd K, Greenaway D. Currency Competition, Network Externalities and Switching Costs: Towards an Alternative View of Optimum Currency Areas [J]. The Economic Journal, 1993, 103 (420): 1180-1189.

[25] Duma N. Dollarization in Cambodia: Causes and Policy Implications [R]. IMF Working Paper, 2011, 49: 1-25.

[26] Eichengreen B, Chi 墢 u L, Mehl A. Stability or Upheaval? The Currency Composition of International Reserves in the Long Run [J]. IMF Economic

Review, 2016, 64: 354-380.

[27] Eichengreen B, Lombardi D. RMBI or RMBR? Is the Renminbi Destined to Become a Global or Regional Currency? [J]. Asian Economic Papers, 2017, 16 (1): 35-59.

[28] Fan X, Chen L, Daoping W. Renminbi Internationalization and Stability of the International Monetary System [J]. China Economist, 2015, 10 (3): 63-82.

[29] Fasano-Filho U. Currency Substitution and the Demand for Money: The Argentine Case, 1960－1976 [J]. Weltwirtschaftliches Archiv, 1986, 122 (2): 327-339.

[30] Flandreau M, Jobst C. The Empirics of International Currencies: Network Externalities, History and Persistence [J]. Economic Journal, 2009 (537): 643-664.

[31] Fleming J M. On Exchange Rate Unification [J]. The Economic Journal, 1971, 81 (323): 467-488.

[32] Frankel J A, Rose A K. The Endogenity of the Optimum Currency Area Criteria [J]. The Economic Journal, 1998, 108 (449): 1009-1025.

[33] Fratzscher M, Mehl A. China's Dominance Hypothesis and the Emergence of a Tripolar Global Currency System [J]. The Economic Journal, 2014, 124 (581): 1343-1370.

[34] Friberg R. In Which Currency Should Exporters Set Their Prices? [J]. Journal of International Economics, 1998, 45 (1): 59-76.

[35] Fukuda S, Ono M. On the Determinants of Exporters' Currency Pricing: History vs. Expectations [J]. Journal of the Japanese and International Economies, 2006 (4): 548-568.

［36］Fung B, Halaburda H. Central Bank Digital Currencies: A Framework for Assessing Why and How ［R］. Discussion Papers, 2017.

［37］Gao Y, Coffman D M. Renminbi Internationalization as a Response to the Global Imbalance ［J］. Journal of Chinese Economic and Business Studies, 2013, 11 (2): 139-151.

［38］Giovannini A. Exchange Rates and Traded Goods Prices ［J］. Journal of International Economics, 1988, 24 (1-2): 45-68.

［39］Goldberg L S, Tille C. Vehicle Currency Use in International Trade ［J］. Journal of International Economics, 2008, 76 (2): 177-192.

［40］Grassman S. A Fundamental Symmetry in International Payment Patterns ［J］. Journal of International Economics, 1973, 3 (2): 105-116.

［41］Greenspan A. The Euro as an International Currency ［EB/OL］. (2001-11-01) ［2023-06-13］. https://www.federalreserve.gov/boarddocs/speeches/2001/200111302/default.htm.

［42］Gribina E N, Trushkin G A. Dedollarization as an Indicator of the Formation of National-Oriented Public Policy ［C］//International Scientific Conference "Far East Con" (ISCFEC 2020). Atlantis Press, 2020: 1085-1089.

［43］Haberler G. The International Monetary System: Some Recent Developments and Discussions ［M］//Bergsten C F, Halm G N. Approaches to Greater Flexibility of Exchange Rates. Princeton: Princeton University Press, 1970: 115-123.

［44］Handa J. Substitution among Currencies: A Preferred Habitat Hypothesis ［J］. International Economic Journal, 1988, 2 (2): 41-61.

［45］He Q, Korhonen I, Guo J, Fangg L. The Geographic Distribution of International Currencies and RMB Internationalization ［J］. International Review of

Economics and Finance, 2016, 42: 95-100.

[46] Honohan P. Dollarization and Exchange Rate Fluctuations [R]. Institute for International Integration Studies Discussion Paper, 2007, No. 201.

[47] Ingram J. Comment: The Currency Area Problem [M]//Robert Mundell R, Swobodaeel A (Eds.). Monetary Problems of the International Economy. Chicago: University of Chicago Press, 1969.

[48] Isareli O. A Shapley-based Decomposition of the R-Square of a Linear Regression [J]. The Journal of Economic Inequality, 2007 (5): 199-212.

[49] Ito H, McCauley R. A Key Currency View of Global Imbalances [J]. Journal of International Money and Finance, 2019, 94 (C): 97-115.

[50] Ito T. A New Financial Order in Asia: Will a RMB Bloc Emerge? [J]. Journal of International Money and Finance, 2017, 74: 232-257.

[51] Ize A, Yeyati E L. Financial Dollarization [J]. Journal of International Economics, 2003, 59 (2): 323-347.

[52] Jaccard P, Neoh E. RMB Internationalization—The Birth of a Global Currency [R]. Citigroup, 2009.

[53] Keddad B, Sato K. The Influence of the Renminbi and Its Macroeconomic Determinants: A New Chinese Monetary Order in Asia? [J]. Journal of International Financial Markets, Institutions and Money, 2022, 79 (7): 1-24.

[54] Keddad B. How do the Renminbi and Other East Asian Currencies Co-move? [J]. Journal of International Money and Finance, 2019, 91: 49-70.

[55] Kenen P, Mundell R, Swoboda A K. The Theory of Optimum Currency Areas: An Eclectic View [R]. International Economic Integration: Monetary, Fiscal and Factor Mobility Issues, 1969: 59-77.

[56] Keovongvichith P. Asset Substitution and Currency Substitution behind

Dollarization and De-dollarization Policy in the Lao PDR: Evidence from Bank-Level Data [C]. Dollarization and De-dollarization in Transitional Economies of Southeast Asia, 2017.

[57] Kindleberger C P. The Politics of International Money and World Language [M]. International Finance Section, Department of Economics, Princeton University, 1967.

[58] Krugman P. Vehicle Currencies and the Structure of International Exchange [J]. Journal of Money Credit & Banking, 1980, 12 (3): 513-526.

[59] Kubo K, Aung S. Dollarization in Myanmar? [M] //Dollarization and De-dollarization in Transitional Economies of Southeast Asia Cham: Springer International Publishing, 2017: 105-129.

[60] Kubo K. Deposit Dollarization in Myanmar [R]. Inst. of Developing Economies, Japan External Trade Organization, 2014.

[61] Kubo K. Dollarization and De-dollarization in Transitional Economies of Southeast Asia [M]. Cham: Palgrave Macmillan, 2017.

[62] Kwon E. China's Monetary Power: Internationalization of the Renminbi [J]. Pacific Focus, 2015, 30 (1): 78-102.

[63] Lay S H, Kakinaka M, Kotani K. Exchange Rate Movements in a Dollarized Economy: The Case of Cambodia [J]. Asean Economic Bulletin, 2010, 29 (1): 65-78.

[64] Liu T, Wang X, Woo W T. The Rise of Renminbi in Asia: Evidence from Network Analysis and SWIFT Dataset [J]. Journal of Asian Economics, 2022, 78: 101431.

[65] Luca A, Petrova I. What Drives Credit Dollarization in Transition Economies? [J]. Journal of Banking and Finance, 2008, 32 (5): 858-869.

［66］ Magee S P, Rao R K S. Vehicle and Nonvehicle Currencies in International Trade ［J］. The American Economic Review, 1980, 70 （2）: 368-373.

［67］ Marconi D. Currency Comovements in Asia-Pacific: The Regional Role of the Renminbi ［J］. Pacific Economic Review, 2018, 23 （2）: 150-163.

［68］ Ma T, Wang D, Tul Ain Q. Recent Developments and the Causes of Globalization for the Chinese Yuan Based on Statistical Analysis ［J］. Advances in Mathematical Physics, 2022, 2022: 2706122.

［69］ McKinnon R I. Money in International Exchange: The Convertible Currency System ［M］. Oxford: Oxford University Press, 1979.

［70］ McKinnon R I. Optimum Currency Areas ［J］. The American Economic Review, 1963, 53 （4）: 717-725.

［71］ Menon J. Cambodia's Persistent Dollarization: Causes and Policy Options ［R］. Asian Economic Bulletin, 2008.

［72］ Miles M A. Currency Substitution, Flexible Exchange Rates, and Monetary Independence ［J］. The American Economic Review, 1978, 68 （3）: 428-436.

［73］ Mundell R A. A Theory of Optimum Currency Areas ［J］. The American Economic Review, 1961, 51 （4）: 657-665.

［74］ Mundell R A. Uncommon Arguments for Common Currencies ［M］ // Johnson H G, Swoboda A K （Eds.）. The Economics of Common Currencies. Harvard: Harvard University Press, 1972.

［75］ Park H, Son J C, Wang W. Impact of Monetary Policy on the Macroeconomy under Dollarization: Evidence from the Lao PDR ［J］. International Trade, Politics and Development, 2023, 7 （2）: 77-91.

［76］ Pham T H A. Dollarization and De-dollarization Policies: The Case of

Vietnam [M] //Dollarization and De-dollarization in Transitional Economies of Southeast Asia. Cham: Springer International Publishing, 2017: 131-166.

[77] Platonova I N. De-dollarization as a Manifestation of the Transition of International Monetary Relations to Polycentrism [A] //External Challenges and Risks for Russia in the Context of the World Community's Transition to Polycentrism: Economics, Finance and Business (ICEFB 2019). Atlantis Press, 2019: 72-75.

[78] Poloz S S. Currency Substitution and the Precautionary Demand for Money [J]. Journal of International Money and Finance, 1986, 5 (1): 115-124.

[79] Rafiq M S. When China Sneezes Does ASEAN Catch a Cold? [R]. International Monetary Fund, 2016.

[80] Rey H. International Trade and Currency Exchange [J]. Review of Economic Studies, 2001, 68 (2): 443-464.

[81] Rose A K, Frankel J A. An Estimate of the Effects of Currency Unions on Trade and Growth [J]. Quarterly Journal of Economics, 2000, 117 (2): 437-466.

[82] Samiee S, Anckar P. Currency Choice in Industrial Pricing: A Cross-National Evaluation [J]. Journal of Marketing, 1998, 62 (3): 112-127.

[83] Subacchi P. One Currency, Two Systems: China's Renminbi Strategy [M]. London: Chatham House, 2010.

[84] Subramanian A, Kessler M. The Renminbi Bloc is Here: Asia Down, Rest of the World to Go? [J]. Journal of Globalization and Development, 2013, 4 (1): 49-94.

[85] Sussangkarn C. Promoting Local Currency Usage in the Region [J]. Asian Economic Papers, 2020, 19 (2): 1-16.

［86］Swoboda A K. The Euro-dollar Market：An Interpretation Esays in International Finance ［D］. Princeton：Princeton University，1968.

［87］Thomas L R. Portfolio Theory and Currency Substitution ［J］. Journal of Money，Credit and Banking，1985，17（3）：347-357.

［88］Volz U. RMB Internationalisation and Currency Cooperation in East Asia ［M］// Rovekamp F（Eds.）. Financial and Monetary Policy Studies，2014:38.

［89］Wu F，Pan R，Wang D. Renminbi's Potential to Become a Global Currency ［J］. China & World Economy，2010，18（1）：63-81.

［90］Xia S. Path Selection of Renminbi（RMB）Internationalization under "The Belt and Road"（B&R）Initiative ［J］. American Journal of Industrial and Business Management，2018，8（3）：667-685.

［91］Yu C. Internationalization of the RMB in Latin America：An Overview ［R］. Sino-Latin American Economic and Trade Relations，2019：101-132.

［92］Zamaróczy M D，Sa S. Economic Policy in a Highly Dollarized Economy：The Case of Cambodia ［R］. IMF Occasional Papers，2003，No. 219.

［93］Zhang L，Tao K. The Economics of RMB Internationalization ［J］. Asian Economic Papers，2016，15（1）：104-123.

［94］敖学文. 云南省边境地区人民币区域化状况研究 ［D］. 北京：中央财经大学硕士学位论文，2007.

［95］巴曙松. 人民币国际化的边贸之路 ［J］. 浙江经济，2003（15）：11-12.

［96］巴曙松. 人民币国际化的起步之年 ［J］. 中国市场，2009（37）：50-51.

［97］巴曙松，严敏. 人民币现金境外需求规模的间接测算研究：1999—2008 ［J］. 上海经济研究，2010（1）：19-25.

［98］鲍阳，王根强，李瑞红．东盟助力人民币国际化的现实基础、制约因素及推进策略［J］．对外经贸实务，2020（7）：53-56.

［99］常殊昱，熊婉婷，刘方．老挝人民币国际化业务发展［J］．中国金融，2019（14）：43-44.

［100］陈雨露．"一带一路"与人民币国际化［J］．中国金融，2015（19）:40-42.

［101］陈文慧．东亚货币合作进程中人民币区域化研究——基于 SVAR模型的分析［J］．区域金融研究，2012（10）：63-69.

［102］陈小五．人民币跨境业务发展的若干问题探讨［J］．南方金融，2010（10）：9-11.

［103］陈莹．跨境贸易人民币结算的收益成本分析［J］．金融发展研究，2010（8）：57-59.

［104］程贵，张小霞．"一带一路"倡议是否促进了人民币国际化?——基于 PSM - DID 方法的实证检验［J］．现代财经，2020，40（10）：80-95.

［105］丁剑平，向坚，蔚立柱．纳入人民币的 SDR 汇率波动：稳定性与代表性的检验［J］．国际金融研究，2015（12）：3-10.

［106］丁文丽．大湄公河次区域货币金融合作——理论、基础与对策［M］．北京：人民出版社，2009.

［107］丁文丽，胡列曲．如何推动货币国际使用：国际经验与启示［J］．求是学刊，2021，48（1）：102-113.

［108］丁文丽，李艳，游溯涛．中国边境地区地下金融现状调查——云南案例［J］．国际经济评论，2011，96（6）：123-131+6.

［109］丁文丽，牛根苗．人民币国际化背景下越、老、柬三国美元化历程及驱动因素研究［J］．云南师范大学学报（哲学社会科学版），2023，55

（3）：93-103.

［110］丁文丽，杨玲玲，林非娇．跨境贸易人民币结算的影响因素研究——基于云南数据的分析［J］.贵州社会科学，2014（8）：80-87.

［111］丁志杰．跨境资本流动管理新趋势［J］.现代国企研究，2011（4）：52-57.

［112］董继华．人民币境外需求规模估计：1999—2005［J］.经济科学，2008（1）：55-66.

［113］段世德．太平洋区域市场网络与美元国际化研究［J］.东北亚论坛，2017，26（2）：71-81+128.

［114］樊晓云．跨境贸易人民币结算对外贸企业的影响［J］.北方经贸，2009（10）：109-110.

［115］范子萌，张琼斯．美国将部分银行踢出SWIFT "金融核弹"威力有多大？［N］.上海证券报，2022-02-28.

［116］范祚军，何安妮，阮氏秋河，等．人民币国际化战略调整：区域布局与整体推进［J］.经济研究参考，2012（23）：45-51.

［117］范祚军，凌璐阳．基于后危机时代国际金融竞争格局转换的人民币区域化策略调整［J］.东南亚纵横，2010（4）：78-84.

［118］高晨．人民币国际化或始于东南亚［J］.经济研究参考，2010（18）：23.

［119］高海红．人民币成为区域货币的潜力［J］.国际经济评论，2011（2）：80-88+4-5.

［120］高明宇，李婧．基于货币锚模型的人民币影响力空间分布特征分析——兼论东亚人民币区是否形成［J］.上海经济研究，2020（10）：119-128.

［121］管涛．从货币的功能看数字货币与货币国际化的关系［J］.国际

经济评论，2023（2）：30-42+4-5.

　　[122] 广西金融学会. 2022年人民币东盟国家使用报告［R］. 2022.

　　[123] 韩文秀. 人民币迈向国际货币［M］. 北京：经济科学出版社，2011.

　　[124] 何迎新. 美国长臂管辖在跨境金融监管中的运用及启示［J］. 西南金融，2020（6）：27-34.

　　[125] 何曾. 建设中国—东盟区域性国际支付系统研究［J］. 南方金融，2014（2）：80-83.

　　[126] 何慧刚. 人民币国际化：模式选择与路径安排［J］. 财经科学，2007（2）：37-42.

　　[127] 胡列曲，孙兰，丁文丽. 大湄公河区域国家经济金融一体化实证研究［J］. 亚太经济，2011，168（5）：26-31.

　　[128] 胡松明. 从亚洲金融危机看人民币汇率策略［J］. 北京师范大学学报（社会科学版），1998（5）：71-74.

　　[129] 黄洁. 数字人民币跨境支付应用探析［J］. 青海金融，2023（5）：47-51.

　　[130] 霍伟东，等. 人民币区研究［M］. 北京：人民出版社，2015.

　　[131] 姜波克，张青龙. 国际货币的两难及人民币国际化的思考［J］. 学习与探索，2005（4）：17-24.

　　[132] 雷达，马骏. 货币国际化水平的影响因素分析［J］. 经济理论与经济管理，2019（8）：45-59.

　　[133] 李冰. 多边央行数字货币桥项目新进展：讨论最小化可行性产品研发及阶段落地［N］. 证券日报，2023-07-04.

　　[134] 李保林. 边境贸易及人民币跨境结算问题研究——以广西为例［J］. 区域金融研究，2013（11）：30-34.

[135] 李东荣.浅析新兴市场经济体金融危机的成因和防范——从东亚和拉美金融危机引发的思考 [J].金融研究,2003(5):55-64.

[136] 李红,彭慧丽.区域经济一体化进程中的中国与东盟文化合作:发展、特点及前瞻 [J].东南亚研究,2013,202(1):101-110.

[137] 李欢丽,刘昊虹.中国—东盟货币合作不断深化 [J].中国金融,2022(24):93-95.

[138] 李婧,管涛,何帆.人民币跨境流通的现状及对中国经济的影响 [J].管理世界,2004(9):45-52+155.

[139] 李俊久,蔡琬琳."一带一路"背景下中国与东盟货币合作的可行性研究 [J].亚太经济,2020(4):39-48+149.

[140] 李礼,王鹏程,任志宏.构建数字人民币跨境支付体系的前瞻性研究——基于粤港澳大湾区情境推演的视角 [J].金融经济学研究,2023,38(4):124-142.

[141] 李睿,张崇文.法定数字货币的刑法保护 [J].重庆邮电大学学报(社会科学版),2023,35(1):93-102.

[142] 李晓.全球金融危机下东亚货币金融合作的路径选择 [J].东北亚论坛,2009,18(5):3-25.

[143] 李振宇.人民币国际化的路径选择和政策建议 [J].经济研究参考,2015(24):23-24.

[144] 梁京华.当前我国跨境贸易人民币结算业务发展中的问题与建议 [J].对外经贸,2010(22):159-162.

[145] 林乐芬,王少楠."一带一路"建设与人民币国际化 [J].世界经济与政治,2015(11):72-90+158.

[146] 林木西,蔡凌楠.数字人民币的反洗钱机理及政策建议 [J].湖南科技大学学报(社会科学版),2022,25(6):58-64.

［147］刘东民，宋爽．法定数字货币与全球跨境支付［J］．中国金融，2017（23）：75-77.

［148］刘方．边境贸易中的币种选择与人民币国际化推进策略——以云南省为例［J］．海南金融，2019（1）：81-87.

［149］刘方．人民币国际化的进展及在云南的实践与对策［J］．对外经贸实务，2018，356（9）：56-59.

［150］刘方，丁文丽．柬埔寨美元化的持久性及推动人民币在柬流通使用的前景［J］．广西社会科学，2018（1）：54-60.

［151］刘方，丁文丽．中国西南周边国家美元化对人民币跨境流通的影响研究［J］．云南师范大学学报（哲学社会科学版），2019，51（6）：85-93.

［152］刘方，丁文丽．中国西南周边国家美元化与人民币跨境流通［M］．北京：经济科学出版社，2022.

［153］刘方，丁文丽，胡小丽．人民币跨境流通的经济增长效应分析［J］．海南金融，2015（1）：10-14+32.

［154］刘方，丁文丽，李茂萍．云南人民币跨境流通中的地下金融安全问题浅析［J］．经济研究导刊，2015，260（6）：89-91+98.

［155］刘方，丁文丽．中国—东盟金融合作指数的构建及其演变特征［J］．国际商务（对外经济贸易大学学报），2020（1）：71-83.

［156］刘刚，张友泽．人民币在"一带一路"货币圈发挥了锚效应吗？——基于人民币与主要国际货币比较研究［J］．国际金融研究，2018（7）：32-41.

［157］刘力臻，徐奇渊．人民币非法流出的防范对策［J］．东北师大学报（哲学社会科学版），2005（3）：59-64.

［158］刘力臻，徐奇渊．人民币国际化探索［M］．北京：人民出版

社，2006.

[159] 刘沛. 美元化与金融稳定 [J]. 暨南学报（哲学社会科学版），2005，27（2）：40-44.

[160] 刘玮. 国内政治与货币国际化——美元、日元和德国马克国际化的微观基础 [J]. 世界经济与政治，2014（9）：129-155+160.

[161] 刘艳. 进一步推进跨境贸易人民币结算试点的外汇管理政策研究 [J]. 南方金融，2010（2）：50-52.

[162] 刘艳靖. 国际储备货币演变的计量分析研究——兼论人民币国际化的可靠性 [J]. 国际金融研究，2012（4）：69-76.

[163] 刘轶. 稳步推进跨境贸易人民币结算 [J]. 调查研究，2010（5）：22-24.

[164] 卢光盛，邸可. 大湄公河次区域金融合作与中国（云南）的参与 [J]. 云南师范大学学报（哲学社会科学版），2011，43（6）：39-45.

[165] 罗力强. 中国—东盟自由贸易区框架下中越金融合作与广西的战略选择 [J]. 广西社会科学，2014（5）：48-53.

[166] 马骏. 人民币国际化离不开离岸市场 [J]. 上海国资，2012（2）：58-59.

[167] 马广奇，李洁. "一带一路"建设中人民币区域化问题研究 [J]. 经济纵横，2015（6）：41-46.

[168] 马广奇，王宁宁. 数字人民币驱动丝路金融合作深化的新思考 [J]. 金融发展评论，2022（11）：1-6.

[169] 马俊，徐剑刚. 人民币走出国门之路——离岸市场发展与资本项目开放 [M]. 北京：中国经济出版社，2012.

[170] 马荣华. 人民币境外流通对我国经济影响的实证分析 [J]. 财经研究，2006（4）：35-48.

[171] 马涛. 人民币国际化的空间结构演化研究 [D]. 昆明: 云南师范大学博士学位论文, 2018.

[172] 梅德平, 苑笑怡. 我国边贸人民币结算的问题及对策研究 [J]. 经济纵横, 2015 (2): 74-77.

[173] 蒙代尔. 蒙代尔经济学文集 (第五卷) [M]. 向松祚, 译. 北京: 中国金融出版社, 2003.

[174] 牟怡楠. 人民币在东盟的区域化途径研究 [J]. 东南亚纵横, 2013, 243 (1): 50-54.

[175] 潘英丽, 吴君. 体现国家核心利益的人民币国际化推进路径 [J]. 国际经济评论, 2012, 99 (3): 99-109+7.

[176] 潘永, 蒋愉. 中越贸易人民币结算模式问题研究 [J]. 东南亚纵横, 2013 (12): 47-52.

[177] 彭杨. 应用场景扩围 数字人民币驶入"快车道" [N]. 中国证券报, 2023-06-06.

[178] 彭红枫, 谭小玉. 人民币国际化研究: 程度测算与影响因素分析 [J]. 经济研究, 2017, 52 (2): 125-139.

[179] 阙澄宇, 孙小玄. 人民币国际化对跨境资本流动的影响——基于资本类型和流向的异质性研究 [J]. 国际金融研究, 2022 (4): 67-77.

[180] 石建勋, 叶亚飞. 人民币"走出去"的货币替代理论与战略 [M]. 北京: 清华大学出版社, 2018.

[181] 石建勋, 易萍. 东亚区域内人民币替代弹性的实证研究——基于货币服务生产函数的理论分析 [J]. 国际经贸探索, 2011, 27 (11): 70-75.

[182] 石杰. 人民币国际化战略的现实选择 [J]. 经济研究参考, 2008 (64): 60-65.

[183] 史龙祥, 阮珍珍, 强梦萍. 人民币国际化稳步推进的新路径——

基于中美产业内贸易结算货币选择影响因素的经验分析［J］. 国际金融研究, 2015, 339 (7): 11-20.

［184］施婉蓉, 王文涛, 孟慧燕. 数字货币发展概况、影响及前景展望［J］. 金融纵横, 2016 (7): 25-32.

［185］孙婷轩, 杜瑞岭. 数字货币在跨境支付清算中的应用分析［J］. 清华金融评论, 2023 (3): 95-98.

［186］孙海霞. 人民币国际化条件研究［M］. 北京: 人民出版社, 2013.

［187］孙海霞, 谢露露. 国际货币的选择: 基于外汇储备的分析［J］. 国际金融研究, 2010 (12): 38-49.

［188］谭雅玲. 透过人民币国际化偏颇思考中国竞争力［J］. 国际贸易, 2009 (7): 60-62.

［189］唐双宁. 美元、人民币和世界货币——国际货币体系与人民币展望［J］. 新华文摘, 2009 (4): 44-47.

［190］陶士贵, 叶亚飞. 人民币境外存量的估算及其对我国货币供给量的影响——基于人民币跨境交易视角［J］. 财贸经济, 2013 (9): 67-75.

［191］涂永红, 李胜男. 促进"一带一路"贸易发展, 推动人民币国际化［J］. 海外投资与出口信贷, 2017 (2): 18-21.

［192］汪天倩, 朱小梅. 人民币国际化水平测度及影响因素分析——基于双循环及国家金融视角下的实证研究［J］. 金融经济学研究, 2022, 37 (6): 127-143.

［193］王朝阳, 宋爽. 一叶知秋: 美元支付体系的挑战从跨境支付开始［J］. 国际经济评论, 2020 (2): 36-55+5.

［194］王剑, 尹轶帆. 多边央行数字货币桥: 发展进程及其影响［J］. 国际金融, 2023 (1): 32-37.

［195］王晓泉. 全球"去美元化"催生世界货币新秩序［J］. 人民论

坛，2022（23）：96-100.

[196] 王孝松，刘韬，胡永泰. 人民币国际使用的影响因素——基于全球视角的理论及经验研究 [J]. 经济研究，2021，56（4）：126-142.

[197] 王勇辉. "21 世纪海上丝绸之路"东南亚战略支点国家的构建 [J]. 世界经济与政治论坛，2016，316（3）：61-73.

[198] 王峥. 人民币国际化背景下人民币跨境流通趋势研究——基于需求缺口估计法的分析 [J]. 上海金融，2015（11）：59-63.

[199] 王智勇. 澜湄次区域经济合作中的货币兑换问题研究 [M]. 昆明：云南人民出版社，2007.

[200] 吴念鲁，杨海平. 关于打造中国国际金融中心的评析与思考 [J]. 金融研究，2008，338（8）：166-176.

[201] 吴秋余. 数字人民币持续创新应用场景 [N]. 人民日报，2023-02-06.

[202] 伍庆. 21 世纪海上丝绸之路背景下建设面向东南亚的离岸文化中心研究 [J]. 学术论坛，2015，38（7）：127-132.

[203] 肖雯. 浅析跨境人民币结算业务 [J]. 东方企业文化，2010（15）：258.

[204] 徐洪水. 论人民币国际化——基于人民币周边流通的分析 [J]. 上海金融，2004（5）：41-43.

[205] 徐奇渊，何帆. 人民币国际化对国内宏观经济的影响——基于人民币跨境结算渠道的分析 [J]. 广东社会科学，2012（4）：29-37.

[206] 徐奇渊，杨盼盼. 东亚货币转向钉住新的货币篮子 [J]. 金融研究，2016（3）：31-41.

[207] 徐少卿，王大贤. 当前人民币跨境结算中的套利行为分析 [J]. 南方金融，2012（1）：69-71.

［208］徐新．中国与柬埔寨金融合作研究［J］．中国市场，2016（24）：246-247.

［209］徐玉威．人民币周边化问题研究［M］．成都：西南财经大学出版社，2018.

［210］徐灼，田鑫．东南亚国际货币竞争：经济冲击视角的实证分析［J］．现代管理科学，2016（6）：33-35.

［211］许偲炜．主权数字货币跨境流通的制度建构［J］．西南民族大学学报（人文社会科学版），2021，42（11）：93-100.

［212］许珊珊．人民币境外流通规模测算：1997—2009 年［J］．甘肃金融，2011（1）：64-67.

［213］严佳佳，郭春松，黄欣．人民币境外存量对我国货币供应量的影响研究［J］．国际金融研究，2017（7）：76-85.

［214］杨荣海．人民币周边化与东盟国家"货币锚"调整的效应分析［J］．国际贸易问题，2011，339（3）：61-68.

［215］杨荣海，冉萍．基于资本要素流动的中国—东盟区域货币合作研究［J］．财会月刊，2009（3）：92-94.

［216］杨小平，孙仲文．中国货币在东南亚区域化的历史进程——历史与展望［J］．中国金融，2009（7）：84-85.

［217］杨燕红．昆明市建立区域性人民币结算中心的可行性与对策分析［J］．思想战线，2010，36（S1）：77-80.

［218］姚大庆．基于动态演化和货币搜寻的货币国际化研究［M］．上海：上海社会科学院出版社，2022.

［219］姚晓东，孙钰．人民币跨境流通的影响与人民币区域化进程研究［J］．经济社会体制比较，2010（3）：23-30.

［220］元惠平．国际货币地位的影响因素分析［J］．数量经济技术经济

研究，2011（2）：3-19.

［221］袁曾，汤彬．数字人民币跨境应用的合规监管制度构建［J］．学术交流，2022（7）：26-39+191-192.

［222］云倩．"一带一路"倡议下中国—东盟金融合作的路径探析［J］．亚太经济，2019（5）：32-40+150.

［223］张琼斯．多边央行数字货币桥或成新型跨境支付基础设施［N］．上海证券报，2023-07-04.

［224］赵越强，徐迎迎，李小平，等．多边央行数字货币安排：发展动因、运行机制与应用前景［J］．国际贸易，2023（4）：81-88.

［225］张国建，佟孟华，梅光松．实际有效汇率波动影响了人民币国际化进程吗？［J］．国际金融研究，2017（2）：64-75.

［226］张家寿．"一带一路"建设背景下的人民币"走出去"战略——以东南亚国家为例［J］．桂海论丛，2017（2）：38-42.

［227］张家寿．中国东南周边国家金融发展与人民币走出去战略研究［M］．北京：人民出版社，2022.

［228］张见，刘力臻，滕建州．人民币汇率波动的非对称机制研究［J］．统计与决策，2012，28（2）：163-166.

［229］张岚松．东南亚金融危机与人民币汇率走势［J］．财贸经济，1998（10）：26-32.

［230］张萌，蒋冠．人民币国际化路径研究——基于"东盟10+3"发展模式的分析视角［J］．思想战线，2013，39（5）：144-149.

［231］张明．人民币国际化面临的挑战与对策［J］．金融博览（财富），2016（1）：24-25.

［232］张明．人民币国际化与亚洲货币合作：殊途同归？［J］．国际经济评论，2015（2）：55-67.

［233］张宁. 稳步推进长三角地区跨境贸易人民币结算［J］. 中国金融，2010（8）：8-9.

［234］张宜. 法定数字货币发行监管国际比较研究［J］. 财会通讯，2023（11）：158-162.

［235］张远军. 中俄间人民币跨境流通的理论与实证研究［J］. 金融研究，2011（6）：194-206.

［236］赵柯. 货币的政治逻辑与国际货币体系的演变［J］. 欧洲研究，2011，29（4）：50-68.

［237］赵儒南. 新加坡参与"一带一路"及中新合作研究［J］. 亚太经济，2021（1）：98-105.

［238］赵越. 对跨境贸易人民币结算运行机制的思考［J］. 云南财经大学学报，2010（2）：69-72.

［239］者贵昌. "一带一路"建设背景下中国与泰国金融合作的机遇与挑战［J］. 东南亚纵横，2017（1）：36-42.

［240］郑凌云. 人民币区域化与边贸本币结算功能扩展［J］. 国际贸易，2006（7）：43-45.

［241］钟伟. 人民币在周边国家流通的现状、问题及对策［J］. 管理世界，2008，172（1）：165-166.

［242］周建华. 中缅金融合作研究评述［J］. 时代金融，2013（26）：16+19.

后 记

　　本书是丁文丽教授主持的国家自然科学基金重点项目"云南与周边国家金融合作的异质性约束及人民币区域化的实现机制与路径研究"和胡列曲教授主持的国家社会科学基金一般项目"多层次国际金融中心有序推进人民币国际化的机制与路径研究"的重要研究成果。全书以老挝、缅甸、越南等国为研究案例,阐释了20世纪90年代以来中国西南周边国家人民币跨境使用的发展脉络,以老挝、缅甸、越南三国为典型案例深入、全面地研究了中国西南周边国家人民币跨境使用的现状、影响因素与优劣势,最后系统提出了进一步深化人民币在中国西南周边国家跨境使用的路径及建议。本书还对数字人民币的发展以及中国西南周边国家数字人民币跨境使用问题做了探索性研究,对有序推进人民币国际化理论研究与实践操作具有重要的参考价值。

　　本书是团队多年持续研究的又一重要成果,体现了团队的协作努力。胡列曲教授和丁文丽教授承担了主要章节的撰写及全书的修改和定稿,马涛博士对数字人民币有关内容的最终形成提供了重要的写作基础。杨渝镜博士、胡小丽博士、周建华博士和王大力博士对本书的写作也做了有益的贡献,在此一并致以最诚挚的谢意。